돌아보면 그리움만 남아

돌아보면 그리움만 남아

박경옥
문집

바른북스

책머리에

 어릴 적, 우리 집 방의 벽에는 마치 책방처럼 책이 가득했습니다. 책과 신문 읽기를 워낙 좋아하셨고 교직에도 얼마 동안 계셨던 아버지 덕분에 책을 가까이할 수 있었습니다.
 10여 년의 직장 생활 동안 수원에서 용인으로 통근버스를 타고 다녔는데, 출퇴근 시간의 교통체증으로 인해 버스에서 늘 책을 읽었고, 더군다나 8년 동안 회사의 도서실 운영 일을 맡아 다양한 분야의 책을 만날 수 있었던 것은 행운이었습니다. 아마 문학적 감성도 이런 시간 속에서 조금씩 자랐나 봅니다.
 속초로 이사 온 후 우연히 들렀던 문학관 문예창작반에서 여러 선생님들의 강의를 들으며 문학 동호인들과 교류하였습니다. 특별히 권정남 선생님은 글을 쓰는 일이란 마음의 탑을 쌓는 일이라 하시며

20여 년의 세월 동안 한결같은 가르침과 사랑을 주셨지요. 아울러 문예대학 공부와 시 낭송 활동도 문학적 욕구를 채워준 너무나 감사한 일들입니다.

칭찬과 격려의 응원에 힘입어 그동안 발표하고 써 두었던 글들을 한 권에 담아 펴내는 마음이 부끄러우면서도 기쁩니다. 소박한 글쓰기나마 문학의 빛이 제 삶을 비추어 주어 큰 위로가 되었지요. 권정남 선생님을 비롯하여 격려와 도움을 주신 분들께 깊은 존경과 감사의 마음을 간직하렵니다.

2025년 새해 아침 박경옥

차례

책머리에

제1부 시 아련히 흐르는 세월

속초가 지워지고 있다	14
산사山寺에서	15
카네이션	16
일출	17
아! 천안함	18
허균 허난설헌 생가를 다녀와서	19
봄	20
벚꽃들의 반란	21
약속	22
여름과 가을 사이	23
가을	25
가을 나무들	26
가을엔 스카프	27
주호와 주현	28
저 깊은 마음의 우물	30
오래 살아야 할 이유	31
거리두기	32

고독한 승부사의 길 ------------ 34
옆집 어르신 ------------------ 35
2024년 여름 ------------------ 36
눈물의 순댓국 ------------------ 37

제2부 시 — 부모님 추억은 그리움으로

겨울나무	40
사진	41
아산병원 다녀오던 날	42
4월이 오면	44
들녘을 보며	46
종부로 살아오신 백발의 노모	48
김성춘 여사, 백두 살 엄마의 봄	50
속초 중앙시장 그곳에 가면	52
그렇구나	54
4월의 노래	56

제3부 산문 — 멈추어 둘러보니 사랑이 있었네

책 속에서 행복을 찾다	60
멈춤	64
《갈뫼》 45집 출판기념회를 다녀와서	67
《갈뫼》 46집 출판기념회에 다녀와서	72
같아요 같습니다	74
14기 여성대학을 마치며	76
17기 여성대학을 마치며	79
만남과 인연	82
그녀의 화원	85
자연에 감사하며	87
밥상머리 교육	90
두 계절이 공존하는 설악	93
졸업식에서의 눈물	97
나에겐 사투	101
굿바이 혹	104

내가 나에게 ---------- 107
나의 바다 ---------- 110
새봄을 맞이하는 마음 ---------- 113
메밀꽃 향기를 따라서 ---------- 115
결실의 10월을 보내며 ---------- 119
추석 감회 ---------- 122
가을이기 때문에 ---------- 124
이별의 11월 ---------- 127
나의 꿈은… 한 해를 보내며 ---------- 130
어느 새벽에 ---------- 133
다시 1월을 맞으며 ---------- 135

제4부 산문 — 가족의 추억

겨울 털고 봄맞이	140
고모	144
이모	146
쌀밥의 기억	149
아버지의 뒷모습	152
엄마의 숫자	155
아버지의 친구	157
엄마의 고스톱	160
옛 편지에서 만난 아버지	162
아버지의 자전거	166
엄마와 꽃구경	168
마음의 준비	171
흔적	174
나의 인생 풍경 －마무리하며－	178

제1부 시

아련히 흐르는 세월

속초가 지워지고 있다

옛 사람은 떠나고
설악산과 바다가
고층 건물에 가려서
보이질 않는다
숨어 있는 속초를 찾아야 한다
바닷가 작은 도시가
화려한 대도시처럼 변해간다
낯이 설다
속초가 사라지고 있다
그래도 나에겐
속초는 시詩다

산사山寺에서

나무들 사이로
바람이 지나가는 소리
이름 모를 새들의 노래
소곤대며 흐르는
맑은 물소리
들려오는 불경 소리에 합장하며
그윽이 향불은 피어오르는데
가을 햇살 한 자락이
숲속 펼쳐놓은 시화詩畫에서
맑은 향기로 걸어 나온다
지나는 이 발걸음 멈추니
바람이 전하는 말

미움도 내려놓고
욕심도 내려놓으라고

설악산 신흥사에서, 2010년 10월

카네이션

오월의 녹음
나무들 긴 그림자 오래 머무는
아파트 주차장
만나고 헤어지는 일이
눈물로 시작하고 눈물로 끝났다
이별을 아파하며
모퉁이 돌아가는
딸의 뒷모습
가슴에 달린 어머니의 카네이션이
저녁노을에
붉게 울었다

일출

둥둥둥 북이 울린다
여명을 깨우는
장엄한 소리
검은 구름 뚫고
새벽이 열린다
어제와 또 다른 설렘을 안고
붉은 희망이 솟아오른다
영광과 환희에 찬 그대여
기쁨으로 타오르는
소망을 안고
경건하게 새벽을 맞는다

아! 천안함

붉은 꽃망울이 떨어졌다
피지도 못한 채
짧은 봄날처럼 서럽게
울부짖는 파도여!
백성의 의무를 일깨우려 그대들은 떠났는가
남은 이들의 단장은 어이 하란 말인가
돌아오라 영웅들이여
어둠 속을 떠도는 맑은 영혼들이여!
슬픔이 한 슬픔에게
손을 내민다
우리 다시 만나리
바람 되어 별이 되어
잊지 않으리라 그대들 나라 사랑을
바다는
바다는 말이 없다

천안함 뉴스를 보고, 2010년 3월

허균 허난설헌 생가를 다녀와서

솔향기 퍼지는 그 안에
역사의 그림자 서려 있네
흔들리는 바람에도 위풍당당
너만은 알리라
가로막힌 벽을 넘어
선구자의 길을 걸었던 사람들
인고의 세월을 넘어
세상의 편견에 맞서 싸우던
한가운데
문창살 너머 깊은 한숨 들려오고
소리 없이 눈물 흐른다
어머니는 또 하나의 이름

문예대학 문학기행, 2016년 11월

봄

겨우내 언 땅속에서
생명이 움튼다
목마른 가지마다
기다림의 세월
잔설에 덮인
동백꽃 붉은 입술
찬란한 그 이름
희망의 봄이여!

벚꽃들의 반란

죽을죄를 지었습니다
하늘을 이길 수 없습니다
꽃이 없는 영랑호 축제
뉴스와 인터넷에 난리가 났다
벚꽃 개화가 문제가 아니다
꽃이야 잠깐 피었다 지는 것
어쩌다 이 지경인가
누구도 하늘을 이길 수 없다
죽을죄를 지어도
부끄러움을 모르는 세상
어떻게 하늘을 보내 살 수 있을까

시인은 말한다
봄이 늦게 와도
안달하지 말라고

약속

젊은 날의 뜨거운 열정
모래 위에 써놓은 청춘의 언약
무정한 파도가 지워버렸네
초점 잃은 슬픈 눈망울
말 없는 무언의 약속
긴 이별을 예감하며
사랑해
마음속으로 불러본다
저만치 와버린 세월의 무게
아련한 그리움으로 남았네
슬픈 사랑의 노래여

여름과 가을 사이

햇빛이 데려온 산의 초록과 들판의 꽃들*
푸른 잎으로 빛나던 젊은 날의 내 모습이다

여름날 소나기 같은 사랑
파라솔 아래 뜨거운 입맞춤
추억을 만들던
아름다운 날들

이별의 아픔도
밀려오는 파도에 실어 보낸다
세상은 소란해도
자연은 고요하다
나무들은 색색 옷으로
가을 준비를 한다

여름,

---

* 박유진의 문집 《나무들의 숲》에서 인용

마음의 쉼표를 찍고 하늘을 본다

오래 기다려 온 편지처럼

가을을 맞이한다

가을

가을을 닮은 코스모스
갓 시집온 새댁의 얼굴
너의 가녀린 몸짓은
지난여름의 속삭임
기다림에 목마른
슬픈 사슴의 울음이어라
진한 녹음에 상처 난 아픔은
가을바람 풀어놓은 들판에서
붉은 단풍으로 태어난다

가을 나무들

가을이 깊어가고 있다
저만치 멀어지는 가을의 뒷모습
나에게 주어진 세월 한 조각
잘라내는 아픔
다시는 돌아올 수 없는
소중한 시간들과 함께
한 계절이 떠나가고 있다
집착의 그늘 훌훌 털어내고
진솔한 삶의 원천
무소유로 돌아가는
가을 나무들

가을엔 스카프

모든 것은 지나가고
그리움만 남는다

오지 않을 듯한
가을이 왔다
힘겹게 보낸 여름
새벽바람이 서늘하다

스카프 하나로
멋을 낼 수 있는 가을
국화꽃 피고
코스모스 피고
먼 산에 단풍 들면 어쩌나
가을이 더 아름다운 속초
스카프를 보며
생각에 잠긴다
마음 깊이 담아두고 싶다

주호와 주현[*]

어느 별에서 왔니
너희들은
천사가 되어
어느 날 내게로 왔다

피가 섞이지 않아도
믿음과 사랑으로
몸짓 하나에도
희망과 웃음을 주었지

존귀한 보석이 되고
맑고 아름다운 향기가 되어
세상에 높이 소리쳐라
학문의 길을 갈고닦아
너희만의 역량을 펼쳐라

---

[*] 갓난아기 때부터 많이 돌보아주었던 아파트 이웃의 아이들

빛나는 별이 되어라
너희들은
내 마음의 영원한 별나라
아기 왕자들

저 깊은 마음의 우물

저 깊은
마음의 우물에서
수정같이 맑은
마음의 물을
길어 올리고 싶다
오염되어 탁해진
마음의 물을
깨끗이 정화하고 싶다
사랑하는 나의
모든 사람들에게
한 두레박의 맑은 물을 길어
나누어 주고 싶다

오래 살아야 할 이유

13층 베란다에 햇빛이 들어오면
회색빛 냉장고가
오색 빛으로 변한다

12년 만에 바꾼 냉장고
집안이 훤해졌다
할부로 살까 하다 현찰로 샀다
가슴이 철렁, 그렇게 큰돈을 써본 적이 없다
열고 닫을 때마다 웃음이 절로 나온다
냉동 냉장 한없이 들어간다
오래 살아야 할 이유가 생겼나
너
너 때문이다

거리두기

알아도 모른 척
보고도 못 본 척
씻지 않아도 염색을 안 해도
멋있는 옷을 입지 않아도
화장도 필요 없다
편한 생활이 일상이 되었다
모두 가려주는 마스크가 고맙다
염치없는 공직자의 민낯까지는…
직장에선 뒷담화가 없어지고
두 손을 맞잡고 환하게 웃어본 적이 언제인지
백신 맞으니 나라에 충성했다
아무것도 할 수 없으니
따를 수밖에
대단한 일을 해냈다
생사가 궁금해 친구는
아침마다 전화가 온다
이런저런 풍파의 70여 년을 견디어 왔다
또 어떤 고비를 넘어야 할지

살아야 한다
살아남아야 한다
거리두기에 지쳐도
마음은 더욱 가까이
마스크 벗으면
어색한 사람 많을 걸

                                            코로나 세월, 2021년

고독한 승부사의 길

박종환 감독,
멕시코 4강 신화의 전설
세상을 떠나다
한길만 걸어온 순정남

축구의 위상을 세계에 알리고
붉은 악마 원조 카리스마 넘치는 독사 별명

강인함에서 느끼는 날카로운 눈매
신문 한 켠에 난 기사에 가슴이 아프다
아내와 사별 후
사기꾼의 표적이 되어
외로운 떠돌이 신세로 지냈다니
누가 우리들의 영웅을 비참하게 했는가
고독한 승부사여!

박종환 감독 별세 기사를 보고, 2023년 10월

옆집 어르신

오늘은 문 앞에
못난이 사과 두 박스
어제는 뼈 없는 갈비탕
며칠 전엔 어느 한의사 이름의 흑염소 진액이 왔다
나이는 몰라도 젊어 보이는 깔끔한 외모
하루도 빠짐없이
줄넘기 들고 체육공원에 간다

경상도 어느 절에서 공양주*로 일한다는 할머니
이사 오던 첫날 인사 후 수년간 못 봤다
자식도 없는 듯 찾아오는 이도 없고
늙으면 마트와 병원이 가까워야 한다는데
왜 떨어져 사는지 그것이 궁금하다
세상이 편해진 탓일까
늙어도 나 혼자 잘 산다

---

* 절에서 밥 짓는 사람

2024년 여름

이런 여름은 없었다
내겐 가혹한 여름
하늘을 나는 기적도
물 위를 걷는 것도 아닌
땅 위를 걷고 싶은 작은 소망
하늘과 맞닿은 바다
눈부시도록 파아란 하늘과 구름을
이렇게 간절하게 바라본 적이 없다
고마운 마음 보내준 인연들
돌아보니 미안한 생각뿐
구름이 없어지듯
훗날 내게도 일어날 일
여름,
푸른 나무와 과일이 익어가고
벼가 익어가는 찬란한 여름
여름인가 싶으면
겨울을 지나
또다시 봄이 오겠지

눈물의 순댓국

어느 비 오는 토요일
권정남 선생님 전화를 받았다
새로 나온 시집詩集을 넣을 동, 호수를 물으셨다

시집은 순댓국이 되어 문 앞에 놓여 있다
어느 날은 과일을 놓고…
유난히 뜨거웠던 여름,
나의 건강 이상으로 안타까움을 안겨드렸다

같이 다니던 단골 순댓국집
가아 할 텐데
어떤 날은 녹두죽을 쑤어 오시고,
또 넉넉히 순댓국을 두고 가셨다
고마운 마음에 울면서 먹는
세상에서 제일 맛있는 순댓국

제2부 시

부모님 추억은 그리움으로

겨울나무

잎을 다 떨구어 낸 앙상한 나무입니다
겨울나무입니다
가지들이 영양분을 다 가져갔습니다
내가 그 가지입니다
세찬 바람이 불까 걱정입니다
그러면 나무가 아플 것 같습니다
웅크린 채 누워 있는 당신의 손은 나뭇잎입니다
당신은 어린아이가 되었습니다
내 손을 꼭 잡습니다
그저 바라보기만 합니다
이제는 자꾸 불러봅니다
왜 자꾸 부르냐고 묻습니다
세상에서 제일 편안하다고
함부로 대했던 일들
미안해요
이별이 저만치 와 있습니다

병상의 엄마를 보며, 2014년 2월

사진

4월 하늘가에
하얀 비가 내린다
이승에서의 마지막
사진 속 엄마 위로
슬픈 눈물이 되어 내리는 하얀 비
옛적 젊은 어머니 어깨 위로
그렇게 내리던 벚꽃 하얀 비
90년 삶의 무게
낙엽처럼 내려놓고
꽃피던 시절은 언제였던가
나비가 되어 날아갔다
파란 하늘 아래
가슴에 안은 사진 위로

2014년 제20회 설악 주부백일장 시 부문 장원

아산병원 다녀오던 날

미움의 세월이 길었다
까맣게 타버린 날들
한순간에 삶이 무너졌다

시간이 얼마 없습니다
의사의 한마디에
순간 세상이 멈추었다

힘없이 늘어진 어깨,
체념한 듯 걸어가는
아버지의 뒷모습

무거운 침묵이 흐른 채
창밖을 바라볼 뿐…
저 멀리 바다를
향해 말없이 소리친다

아버지 사랑합니다

속초로 돌아오는 내내
그치지 않는 눈물

강릉 아산병원 다녀오며, 2001년 2월

4월이 오면

꽃피는 4월,
경산의 어느 요양병원에
엄마가 들어갔다
하얀 배꽃이 피어 있는
과수원을 지나
작은 언덕을 올라간다

보이는 것은
사방이 꽃 천지다
꽃잎은 바람에 흩날리고
파아란 하늘은
슬프도록 푸르렀다
오늘 만남이
이승에서 마지막인가
곧 떠나야 할 길
누구나 가야 하는 길
90년 삶의 무게
낙엽처럼 내려놓고

꽃피던 시절은 언제였던가

울면서 내려오던
배꽃 피는 언덕길
엄마 미안해
그리고… 사랑해

                요양병원 병상의 엄마를 보며, 2014년 4월

들녘을 보며

백한 살의 아버지와 팔십이 된 아들이
감을 털고 줍는다

어린 아들이 줍던 감을
허리 굽은 아버지가 줍는다
가난과 싸운 인고의 세월
살길은 농토를 늘리는 일
끝없이 넓은 들에서
늙은 부자가 바람을 온몸으로 맞는다

흔적으로 남은 손은
갈라진 논바닥이다
농사를 평생 업으로 일구어 온
저 드넓은 아버지의 세상
자식은 도시로 떠나고
황량한 벌판 바라보며 회상에 젖는다
한 세기 역사에서 무엇을 찾았는가
그리고 무엇을 보았는가

피디가 묻는다

어르신 무슨 생각 하세요?

"요즘엔 자꾸 눈물이 나요."

                              KBS 〈인간극장〉을 보며, 2012년 12월

종부로 살아오신 백발의 노모

300년 고택 마루에 앉아
비 내리는 마당을 본다
11대 종부로 살아온 백발의 노모
우리네 할머니 어머니의 모습이다

해마다 봄이 오면
복숭아꽃 살구꽃 연분홍 산과 들,
어머니의 봄날은 여든여섯을 지났다
옛사람 모두 떠나고
홀로 지키는 종갓집

세상은 변해도 옛 모습 그대로 고향집
허리는 굽어도 호미는 놓지 못하고
밭고랑을 헤집는다
넓은 세상만 보았던 젊은 날
어느새 세월은 흘러가고
힘겹게 늙어가는 몸
밀물처럼 왔다가 돌아가는 자손들

사무치게 그리움만 남는다
꿈같이 흘러간 한평생
또 엄마가 생각나 눈물이 난다

추석 특집 방송을 보며, 2018년

김성춘 여사, 백두 살 엄마의 봄

한 세기를 살아온 백두 살 엄마
해녀 일과 고사리 캐고 동백나무 기름 짜며
9남매 키워왔다

눈물겨운 딸과 사위의 정성
추석이 되면 마지막일까
설날이 오면 마지막일까
자손들에게 엄마가 줄 세뱃돈을
다리미로 다린다
세뱃돈이 유품이 될지 모른다는
딸의 마음

어른으로서 가족의 화목을 만들어 가는 엄마
오랜 신앙생활과 가족들의 사랑이
장수의 비결인 듯하다
부끄러움을 모르는 세상
어른이 없는 세상에 우리는 살고 있다

메마른 대지에 비를 내리듯
따뜻한 가족애를 키워온
102세 장하신 김성춘 여사님
고단했던 지난날을 위로한다

또 떠오르는 마음속 엄마의 모습

KBS 〈인간극장〉을 보며, 2024년 3월 7일

속초 중앙시장 그곳에 가면

속초 중앙시장 그곳에 가면
푸른 꿈 안고 살아가는 사람들이 있다
우리들의 어머니,
그리고 내 어머니가 있다
자유롭게 떠돌던 바다는
누군가를 기다린다
생선 비린내 나는
울 엄마 앞치마에 의지했다
눈물도 웃음도
가득히 담아낸다
앞치마에 달린 주머니 두 개
마술처럼 돈도 나온다
진한 삶의 향기가 묻어 있다
허기진 배는
삶은 계란 하나로도 든든하다
고단치 않다 손사래 친다
자식 향한 마음 하나
허리끈 질끈 매고

난전 어시장 귀퉁이에서
오늘도 희망을 부른다
은빛 비늘 펄떡이는 그곳에
내 어머니가 있다

                2012년 속초 전통시장 주부백일장, 시 부문 금상

그렇구나

그렇게 시간은 지나가는가 보다
폭염에 지쳤던 지루한 여름
오지 않을 것 같던 가을이 왔다
그렇게 견디어지나 보다

딱딱한 장화를 신은 듯
두 달을 목발과 휠체어에 의지했다
그렇게 살아지나 보다
엄마가 없으면 어떻게 살까
생각만 해도 눈물이 났었다
그랬었는데…
그렇게 무디어지나 보다

지금 내 곁엔 엄마가 없다
왜 눈물이 나지 않을까
그렇게 잊히나 보다
사방이 벽으로 갇혀 있던 날들
자유로워졌다

익숙한 것에 대한 단절은
잠깐의 아픔일 뿐
그랬구나
그랬었구나

                                            2016년 11월 어느 날

4월의 노래

당신은 떠났지만
보내지 않았습니다

맑은 영혼 속
진한 고통의 시간들
이제 훌훌 털고
천국에서 편히 계시나요
고결한 기품 속에 숨겨진
온화한 당신의 모습
색색 물감 풀어놓은 듯
4월 아름다운 봄날에
당신은 떠나셨나요
잔잔한 미소 머금은
사진 속 당신을 뒤로하고
돌아오던 날

눈부시도록 파란 하늘 아래
윤중로 거리 만개한 벚꽃이

슬픈 눈물이 되어
바람에 눈꽃처럼 날립니다

여의도 벚꽃 길 윤중로에서 엄마를 그리며, 2019년

제3부 산문

멈추어 둘러보니 사랑이 있었네

책 속에서 행복을 찾다

경기도 시흥에 살 때 주위에는 논밭과 저수지도 있고 전원풍경을 느낄 수 있어서 참 좋았다. 마침 근처의 한 회사에 취업하였는데 집 가까이 있어 편하게 다녔다. 그런데 얼마 후 회사가 용인으로 확장 이전 하게 되어 부득이 통근버스를 10여 년 넘게 타게 되었다. 출퇴근 시간에는 교통량이 많아 정체되곤 했는데 그 시간이 지루하고 아까웠다. 아까운 시간을 어떻게 보낼까 생각하다가 책을 읽기로 하였다. 당시 사원복지 차원에서 운영하던 회사의 '사우문고'에서 책을 빌릴 수 있어서 나는 출퇴근 시간에 많은 책을 읽을 수 있었다. 그 후 이사한 수원에서도 출퇴근 여건이 비슷했다. 나에게는 새로운 세상을 만나는 계기가 되었고 출퇴근 시간이 너무 기다려졌다.

얼마 후 문고 운영을 담당하던 여사원이 결혼하면서 퇴사하자 '사우문고'를 가장 많이 이용하고 책도 많이 읽었다는 이유로 문고 운영이 나에게 맡겨졌다. 책을 마음대로 실컷 읽을 생각을 하니 떨 듯이 기뻤다. 나는 문고 일을 하면서 단행본은 물론 당시 붐이던 여러 권으로 묶인 전집까지 다양한 책들을 읽을 수 있었다.

《김삿갓》을 읽으면 금강산을 가지 않아도 토속적인 해학과 서정적인 글에 곁들여 수려한 계곡을 누비는 기분이었고, 일본의 731부대를 다룬 소설《마루타》에서는 주인공인 요시다 대위의 인간적 고뇌와 매력에 빠져 지금까지도 가슴에 여운이 남아 있다. 특히《샘터》는 가방에 항상 넣고 다니며 즐겨 보았던 책이다. 출근할 때는 책을 읽기 시작하면 통근자가 언제 회사에 도착했는지 모를 정도였고 다음 페이지에 대한 궁금증으로 늘 아쉬움이 남곤 했다.

당시 나는 도서실 운영을 더 활성화시키기 위해 책을 보따리에 싸 들고 부서마다 다니며 읽을 것을 권했다. 어떤 직원은 아내가 볼 책을 골라 달라고도 하는 등 사원들의 관심이 늘어나기 시작했다. 내 머릿속은 온통 책 생각만 가득했다. 매월 책을 선정하고 구매하기 위해 서점을 방문하는 일은 정말 즐거운 일이었다.

"경옥 씨, 이 책 어떤 내용이에요? 재미있어요?"

책을 빌리러 와서 물어보는 사원들도 많아 내용을 알기 위해서는 내가 먼저 부지런히 읽어야 했다. 무엇보다도 매월 초가 되면 가슴이 설레곤 하였다. 구입한 도서 목록을 적은 〈이달의 도서〉라고 쓴 안내문을 구내식당 입구에 걸어놓으면 사원들이 이달에는 무슨 책일까 궁금해하며 바라보는 모습이 내겐 너무 좋았다. 목록 위에는 계절과 특별한 날에 맞추어 적절한 격언이나 고사성어, 또는 좋은 글을 적어 소개하기도 했었다. 사원들의 관심도 늘고 윗분들에게까지 칭찬도 듣게 되면서 신이 나 더욱 열심히 했다. 운영의 폭이 넓어지다 보니 사보도 내게 되었다. 회사에서는 표어도 공모했는데 내가 처음 지어본 〈마음속엔 사랑 가득 제품 속엔 정성 가득〉이라는 글로 상을 받기도 했다.

읽는 즐거움에 빠져 사보에 산문 한 편 실은 것 외엔 글을 더 적극적으로 쓰고 발표한다는 생각을 미처 하지 못한 것이 지금 돌아보면 아쉽다. 그래도 문학의 숨결과 감성이 가슴속 깊이 숨어 있어서 언젠가는 꽃을 피우기 위해 긴 시간을 기다렸던 것 같다. 그나마 삶에 쫓기던 어느 날, 〈사원의 노래〉라는 시로 글쓰기에 눈을 뜨기 시작해서 초보이나마 시나 산문을 조금씩 쓰는 것이 책을 읽는 일만큼 너무 행복한 일이었다.

  삶의 교훈이 들어 있거나 애환이 담긴 좋은 글들은 나를 더욱 성숙하게 하고 겸손하게 살아가는 마음으로 이끈다. 세월이 많이 흘렀지만 회상해 보니 회사의 문고 운영에 열정을 쏟으며 많은 책을 읽었던 그때가 즐겁고 보람이 있었다. 책을 늘 가까이하며 좋은 분들과 함께 늦게나마 글쓰기 공부하는 지금 또한 더없이 즐겁다.

멈춤

"골절입니다. 6주간 깁스를 해야 합니다."
퉁퉁 부어오른 발을 진찰한 후 의사가 말했다.
"입원해야 되나요?"
"안 해도 되지만 무리하게 움직이지 마세요."

온몸의 기운이 다 빠져나가는 듯하다. 살아가며 한 치 앞을 알 수 없다더니… 더운 여름날 생고생을 하게 되었다. 점심 잘 먹고 시장에 간다고 나와 버스 정류소를 코앞에 두고 보도블록에 걸려 넘어졌던 것이다. 무릎 인공관절 수술한 다리에 발목 골절이라니 다리한테 미안하고 주위 사람들 보기도 민망하다. 한 친구는 참 가지가지 한다고 놀린다. 모든 일상이 올 스톱이다. 어른들이 말씀하기를 나이 들어가며 넘어지지 말고 먹는 거 조심하라 했는데 순간적으로 일어나는 일은 예측할 수가 없다.

목발을 낀 겨드랑이가 아프고 한쪽 다리에 힘이 주어지니 무릎까지 통증이 온다. 할 수 없이 휠체어를 빌려 타보았으나 팔이 아파 짜증만 늘어난다. 밤에는 더욱 고역이다. 딱딱한 장화를 신은 듯 똑바로 누울 수도 옆으로 돌아눕기도 힘들어 답답하다. 왠지 모를 분노와 서글픔만 쌓이고 운동을 하지 못해 몸이 피곤하지 않으니 잠이 올 리가 없다. 여러 날 날밤을 지새우다 결국 수면제를 먹기 시작했다. 해가 뜨고 지는 것도 두려울 지경이다. 하는 일이라곤 달력만 쳐다보고 삼시 세끼 먹는 일이다.

사람이 그립다. 입원실 없는 병원을 간 것이 착오였나? 입원이라도 했으면 이렇게 지루하게 보내진 않았을 터인데… 독거노인이 되어 밤낮으로 티브이 리모컨을 돌려보지만 내가 좋아하는 문화와 지식이나 역사 프로그램은 적고 온통 연예인들 놀이와 먹방 방송이 지겨울 정도다. 오버액션이 난무하고 유명 셰프와 연예인의 본가와 처가 식구들까지 나오니 그들만의 방송인가 싶다. 온갖 비리와 살인이나 폭력 보도가 넘치는 뉴스 보기도 무섭다. 가르치는 어른도 점점 없어지고 분노 조절이 안 되어 사건으로 이어지는 이상 현상이 점점 많아지는 것 같다. 사람들의 마음을 치유하며 인격과 소양을 길러줄 수 있는 프로가 많아졌으면 좋겠다.

  길게만 느껴지는 날들도 지나고 나면 잠깐인 듯싶다. 어느덧 시간이 지나 깁스 풀던 날, 더욱 조심하라는 말은 들으면서도 그동안 쌓인 스트레스를 날려 보내고 훨훨 날고 싶다는 생각이 더욱 간절했다. 내가 나에게 상처를 준 것이었으니 나를 더욱 아끼고 사랑해야지. 달려가다 잠깐의 멈춤은 사람을 성숙시키나 보다.

                                        2016년 11월

《갈뫼》
45집 출판기념회를 다녀와서

"선생님, 우리 아파트 앞에 '《갈뫼》 출판기념회' 현수막이 걸려 있어요. 가슴이 마구 뛰고 설레요. 그때 뵐게요."

제가 이 문자를 보내드린 분은 권정남 선생님입니다. 객지의 도시 생활을 청산하고 속초로 돌아온 후

평생교육원 문예창작반에 들어가게 되었습니다. 처음으로 만난 선생님은 시집 《국수가 먹고 싶다》의 저자이신 이상국 시인님이십니다. 별로 말이 없으시고 우수에 찬 듯한 멋있는 매력을 가진 분이셨습니다. 그러다가 사정이 있어 문예창작반 수강을 잠시 중단했다가 들어가 보니 권정남 선생님께서 강의를 하고 계셨습니다. 주부들로 모인 삼십여 명의 수강생들은 선생님의 열정적인 강의 덕분에 실력이 향상되어 많은 분들이 크고 작은 백일장에서 입상하고 등단하기도 했습니다. 설악산 비선대 길과 평생정보관 뜰에서 몇 해 동안 해마다 시화전을 열었고, 여러 축제에서도 시화전을 활발하게 펼쳤습니다.

각자 본인의 글을 소개할 때 함께 울고 웃던 문창반 회원님들은 지금쯤 어디에서 무얼 하고 있는지 궁금하고 보고 싶습니다. 권정남 선생님의 강의가 끝나고 후임으로 오신 분은 만년소녀 같으시고 목소리도 고우신 치마가 참 잘 어울리는 김향숙 선생님이셨습니다. 고성군에서 먼 길 오시느라 힘드셔도 환한 웃음으로 열심히 강의해 주셨는데 1년이 지나 평생교육원의 문예창작반 폐강으로 헤어지게 되었습니다.

왕초보에서 벗어날 즈음 〈풀니음〉 시 낭송에 들어

가 새로운 저의 모습을 발견하였죠. 2014년에 지금 교육장으로 계신 김종헌 시인님께서 문창반의 폐강을 안타까워하시며 다시 살려야 한다며 시내 문우당 서점 2층에서 재능기부로 다시 개설하여 한 달에 두 번 강의를 해주시고 계십니다. 야간이지만 나이에 상관없이 어린 자녀를 데리고 와서도 배우려는 열기가 두 시간이 모자랄 정도로 뜨겁습니다. 권정남 선생님을 비롯하여 김춘만, 이은자, 김향숙 여러 선생님들께서 귀한 시간을 내어주셔서 강의를 해주십니다. 저는 그동안 훌륭하신 선생님들의 가르침에 힘입어 작은 백일장에 나가 상도 몇 번 받았습니다.

2011년 직장 생활을 할 때에 도서 관리 업무를 8년간 맡아보면서 글을 써본 적은 별로 없었지만 많은 책을 읽었습니다. 퇴직 후 사는 데 바빠 책을 가까이할 수 없었습니다. 부모님이 계신 속초로 다시 돌아오니 마음이 안정되며 아름다운 자연에 동화되고 문학이라는 향기에 빠져들기 시작하였습니다.

제가 《갈뫼》를 사랑하는 이유는 작고하신 윤홍열 회장님과도 인연이 있습니다. 속초고등학교에서 처음으로 육군사관학교에 진학했던 남동생의 은사님이셨고 결혼식 주례도 서주셨던 선생님은 저에게도 배움의 인연이 이어졌던 분이셨습니다. 두 번째 이유는 같이 공부할 때 등단하여 '설악문우회'에 들어가셨지만 서울로 이사를 가신 양양덕 선생님과 여러 회원님들을 만났기 때문입니다. 그 분은 문창반 회원들이 모두 존경하는 롤 모델이었습니다. 만나면 하는 말. "이제 다시 1년을 기다려야겠네요. 건강하세요. 아주 오래인 것 같아도 시간은 왜 그리도 빨리 가는지요." 세 번째 이유는 우리 지역에서 활동하시는 시인님들도 만나 뵙고 그해 출간한 《갈뫼》 책도 받으며 특히나 회원들께서 출간하신 시집도 덤으로 받아 가는 기쁨으로 늘 가방 속이 푸짐하였습니다.

이처럼 《갈뫼》의 울타리 안에서 선생님들의 좋은 가르침을 받아 더욱 정진하고 싶습니다. 이은자 회장님이 하신 말씀 중에 고집스럽게 이어온 순수문학의 길을 45년이나 지켜낸 힘이 있고 앞으로 100회, 200회로 나갈 것이라고 하셨습니다. 저는 이대로도 좋다고 생각합니다. 《갈뫼》는 세월이 흘러도 변하지 않고 좋은 글이 샘솟는 뿌리 깊은 나무가 되어 지역을 대표하는 문학으로 그 향기가 오래도록 퍼져나갔으면 좋겠습니다. 책장에 호별로 나란히 꽂혀 있는 《갈뫼》가 참 좋습니다. 《갈뫼》 46집 출판 기념을 진심으로 축하드립니다. 평소에 보고 싶고 그리워하던 분들을 다시 만나게 되어 한없이 기쁘고 행복합니다. 감사합니다.

《갈뫼》 45집 출판기념회 독자 낭독 시간에, 2015년 12월

《갈뫼》
46집 출판기념회에 다녀와서

"오늘 밤은 아름다운 밤이에요."

집으로 돌아오는 길에 소리치고 싶었다. 전날 밤부터 설레던 마음이 글을 쓰는 이 시간까지도 진정이 되지 않는다. 속초로 돌아온 지 17년째, 지난날의 기억이 희미하다. 행복한 날들은 언제였던지… 바로 지금 이 순간이다. 그동안 많은 일을 겪었다. 죽음과 새 생명의 탄생에 이르기까지 그러나 나 자신의 만족과 기쁨은 글쓰기에 있었다는 사실을 알았다. 평생교육원 문예창작반에 들어간 일은 내게는 커다란 전환점이 되었다. 이제 노년으로 들어서는 즈음에 나는 정체하지 않고 맑은 향기로 가득한 내면을 채우고 싶다.

설악문우회 회원님들이 애쓰시는 모습에 미안한 마음이 늘 자리 잡고 있었다. 나름대로 고마움을 표현한 글을 46집 출판기념회에서 들려드리게 되어 홀가분한 마음이다. 이름이 거론되었던 분들이 손을 잡고 다른 분들도 함께 기뻐해 주셨다. 내게는 잊을 수 없는 날이 될 것이다. 올해로 8년째 참석하며 받아온 《갈뫼》 책들이 책장에 나란히 있어 참 보기 좋다. 또다시 1년을 기다린다. 보고 싶은 사람들을 기다리며.

2016년 12월

같아요
같습니다

"맛있는 것 같아요.", "그런 것 같습니다.", "예쁜 것 같아요.", "잘 맞는 것 같습니다.", "했던 것 같습니다."

위의 말을 "맛있어요.", "그랬습니다.", "예쁘죠.", "잘 맞습니다.", "했어요." 이렇게 바꾸면 훨씬 간결하고 예쁘게 들립니다. 이것도 저것도 확신이 서지 않고 중간쯤에서 우리는 적당히 타협하며 살아가는 게 아닐까요?

언제부터인가 '~것 같다.'라는 표현이 우리들 일상 속으로 깊이 들어와 자리를 잡고 있다. 들을 때마다 귀에 거슬려 나만 이런 생각을 할까? 다른 사람들은 어떻게 느낄까? 궁금하지만 이제는 무디어져 일상의 언어가 되고 말았다. 남녀노소 외국인들까지도 자연스럽게 이런 말을 한다. 티브이 방송에서도 언어의 순화에 앞장서야 할 아나운서들도 남발하기 일쑤다. 예를 들면, "힘든 일을 언제 결심했나요?" 물으면, "3년 전에 결심했습니다." 이렇게 답하면 듣는 사람도 쉽게 들리는데, "3년 전에 결심했던 것 같습니다." 이렇게 말하면 듣는 사람도 뭔가 아리송해진다.

불확실한 사회현상이 이런 어투를 만들어 낸 것은 아닐까 생각해 본다. 어느 요리 프로에 나온 스타 셰프는 처음부터 끝까지 "같아요."를 말하여 짜증이 나서 채널을 돌린 적도 있었다. 방송의 위력은 대단하여 우리들 생활에 미치는 영향력을 무시할 수 없다. 지금이라도 방송 종사자와 출연자들이 고쳐나가면 달라지지 않을까 생각한다.

《조선일부》 애독자 코너에 기고한 글

14기 여성대학을 마치며

 화상으로 강의하는 도 단위 여성대학은 전국에서 강원도가 유일하다고 한다. 강원도 18개 시, 군의 여성 지위 향상을 위해 개설한 여성대학은 14기까지 이르렀다. 태백산맥의 수려한 정기와 신사임당을 비롯해 강원의 선각 여성들을 본받아 미래지향적인 여성상을 제시하고, 나날이 복잡해져 가는 현대사회에서 여성의 적극적인 사회참여와 능력개발은 더 이상 미룰 수 없는 현실이 되었다.
 우수한 강사진의 강의를 통해 여성의 자질과 능력을 개발하며 인격을 향상하는 질 높은 여성대학 프로그램이 해마다 뜨거운 호응을 얻고 있다. 이번 수강에서 얻은 가장 큰 소득은 강원도 하면 감자와 옥수수 정도만 떠올리는 것이 아님을 강원도민으로서 당당하게 말할 수 있는 자신감을 가지게 되었다는 것이다.

  한반도의 두 젖줄인 한강과 낙동강은 강원도에서 발원한다. 기나긴 대장정의 물길에 굽이굽이마다 애절한 사연과 전설도 많다. 삼국시대를 거쳐 고려에서 조선왕조에 이르기까지 역사와 지리 속에 흥망성쇠와 민초들의 애환이 지방 곳곳에 고스란히 녹아들어 있다. 우리 강원도는 사계절의 아름다움과 가까워진 교통망으로 관광객은 더욱 늘어날 전망이다. 도시민을 상대로 한 여론조사에서는 강원도가 늘 압도적으로 휴가 대상지 1위에 선정된다. 홍인회 작가의 끈질긴 발굴 노력으로 강원도에 분포되어 있는 귀중한 역사적 문화를 담은 《우리 산하에 인문학을 입히다》 두 권의 책을 강의가 끝나자마자 바로 서점에 들러 구입하였다.

  자산관리의 세금 상식에 이어 세상에서 가장 아름다운 행동이라고 말하는 자원봉사자의 자세와 여성의 정치참여도 귀담아들은 강의였다. 역사를 바꾼 여성 리더십은 더욱 눈여겨보아야 할 중요한 일이다. 분단국가의 아픔 속에 복잡한 정치적 문제가 얽혀 있는 통일 문제는 첨예한 대립으로 더 이상 진전되지 않아 안타깝다. 다양하고 정확한 정보로 소비환경의 변화에 대응하는 소비자의 자세는 소비 주권을 향상시킨다. 고령화시대에 접어들어서는 만성질환에 시달리는 환자가 늘어남에 따라 약초에 대한 관심은 날로 커가고 있다. 눈부신 파란 가을 하늘을 가릴 정도로 눈물겹도록 예쁜 노랑 빛의 홍천 은행나무 숲 현장학습은 지루하던 일상의 탈출구였다.

  이처럼 어느 것 하나 중요하지 않은 것이 없는 프로그램을 통해서 미처 알지 못했던 일들에 대해 나의 양식을 더욱 살찌우고 적극적인 사회참여의 인식을 높인 보람된 시간이었다. 내가 살고 있는 강원도, 그리고 내 고장을 더욱 사랑하고 가정의 행복과 사회가 요구하는 깨어 있는 여성으로 발돋움하는 계기로 삼아야겠다고 생각했다.

수강 후기, 2013년 10월

17기 여성대학을 마치며

 저는 2002년 3기로 여성대학을 만난 후 올해로 17기에 이르러 또다시 참여하게 되었습니다. 정보가 홍수처럼 넘쳐나지만 새로운 지식에 대한 열망은 나이에 상관없이 좋은 기회라고 여겨서 설렘 속에 그때와 다름없이 잘 마쳤습니다. 17년째 이어가는 여성대학은 다른 도에는 없는 우리 강원도만의 프로그램인 것 같아 자부심을 가집니다.
 빠르게 변화하는 현실에서 여성의 사회참여는 늘어나고, 가정생활과의 양립의 어려움에도 불구하고 여성에게 많은 역할을 요구하는 시대에 살고 있습니다. 여성대학의 강의 내용도 시대의 흐름에 따라 달라져 가고 있음을 볼 수 있습니다. 성공한 사람들도 실망과 단점을 극복하고 적극적인 마인드로 도전했음을 쉽게 포기하는 사람들에게 알려주었고,

기후변화에 대응하는 현대인의 건강관리는 물론 특히 여성이 출산과 직장에서의 스트레스를 이기는 방법은 좋은 도움이 되었으리라 생각합니다.

요즘 많이 들을 수 있는 스토리텔링은 관광사업과 연결되면 상업적으로도 가치와 의미를 입히게 되는 알찬 강의였습니다. 소통하는 여성의 리더 역할도 지위 향상과 사회의 일원으로 도움이 되고, 어렵게 느껴지던 클래식 음악 강의도 흥미로웠고 쉽게 와닿았습니다. 매일 하는 일이라 쉬울 것 같아도 정리 수납은 정말 유익한 강의였다고 모두들 말하였습니다.

비 내리는 날의 찜질방 야외 수업은 서로 화목을 다지는 계기가 되었습니다. 고대부터 현대에 이르기까지 여성은 다양한 성취를 통하여 시대를 함께 만들어왔습니다. 사회적 약자임에도 굴하지 않고 자신의 역량을 펼친 여성들도 많았고, 강원의 역사적인 여성 인물들은 21세기를 살아가는 우리들에게 역할 모델이 되어 많은 영향을 줄 것이라고 생각합니다. 풍족하게 살아도 행복하지 않다고 말하고 있는 오늘날 사회에서 마음을 치유하는 행복심리학은 잔잔하게 와닿으며 지친 마음을 위로해 주었습니다.

변화하는 환경 속에서 소비의 패턴도 변하는데, 똑 소리 나는 소비 방법 강의는 생활의 중심을 잡아

주었습니다. 또한 흔하게 보았지만 이름도 몰랐던 식물과 약초에 관한 이야기나 용어가 딱딱하고 어려운 생활법률을 명쾌하게 풀어낸 강의도 재미있었습니다. 전국의 지방자치단체마다 관광객을 유치하며 발전하기 위해 치열한 경쟁을 하는 현실에서 강원도는 그동안 많은 발전과 변화를 이루어왔습니다. 특히 앞으로 2018 평창 동계 올림픽과 속초~서울 동서 고속철도의 개통 등으로 각 시군은 더욱 발전할 것이라는 기대가 큽니다. 천혜의 자연환경을 가진 우리 강원도의 발전을 위해 여성들이 앞장서서 더 많은 역할을 해야 한다는 마음을 다지게 되었습니다.

수강 후기, 2016년 10월

만남과 인연

6월은 장미의 계절이다. 아파트나 주택, 관공서의 울타리나 담장을 따라 넝쿨에 피어난 온통 붉은 장미는 아름답다. 차를 타거나 길을 다닐 때도 눈이 너무 즐겁다. 계절과 좋은 자연환경의 영향도 있겠지만 언제부터인가 세상을 바라보는 나의 자세가 넓게 곱게 아주 긍정적인 모습으로 변해가는 듯하다. 마음도 차분하게 순화되어 감을 느낀다. 그것은 아마도 문학과 그리고 친구와의 만남 덕분이 아닐까 생각해 본다.

조금은 설레고 긴장되는 마음과 어색한 기분으로 처음 문예창작반 교실에 들어서던 순간을 잊을 수가 없다. 어느덧 선생님과 회원들과의 만남이 2년째 접어들었다. 선생님의 칭찬에 용기를 얻어 부끄러운 글을 내보이며 때로는 웃음과 눈물로 서로의 글에 공감하며 화목한 만남을 이어간다.

지난 시간을 거슬러 떠올려 본다. 평소 문학에 관심이 있던 차 두근거리는 마음으로 문창반에 들어와 같은 연배의 김혜자 씨를 만나게 되었다. 회원들 중에 우리 두 사람이 나이가 많은 편이고 비슷하여 가까워졌다. 서로에게 의지하며 배우던 중 연락처도 주고받지 못한 채 나의 개인사정으로 인해 나갈 수 없게 되었다. 나중에 들으니 혜자 씨도 바로 그만두었다고 했다. 안타까운 마음에 우연히 길에서라도 만나지 않을까 생각했지만 3년이란 시간이 흐르는 동안 만날 수 없었다.

나는 틈틈이 책을 보기 위해 정보관에 드나들었다. 그러던 어느 날 각자 책을 읽고 있는 중에 우리는 다시 만났다. 서로 깜짝 놀라며 재회한 그 기쁨이란 말할 수 없었다. 같은 곳을 바라보면 언젠가는 만난다며 그간의 안부에 할 얘기도 많았다. 나름대로 남편의 병간호에 마음고생도 많았고 이제는 안정된 생활을 한다고 했다. 그 후 다시 문창반에 들어가자고 약속했다. 그리고 매주 수요일이면 정보관까지 걸어가며 담소를 나누는 사이에 우정은 더욱 깊어갔다.

언젠가 전화 통화에서 "경옥 씨, 이사 가지 마. 나

이 들면 친구 만들기 힘들어." 하는 말에 잠시 목이 메었다. 말없이 상대의 이야기를 잘 들어주고 배려하며 긍정적인 사고를 가지고 있는 혜자 씨의 마음을 읽을 수 있었다. 세상은 혼자 살아갈 수 없다. 만남과 헤어짐을 반복하며 우린 그렇게 살아가고 있다. 이젠 모두들 선한 모습으로 점점 동화되어 가고 있는 문창반 식구들과의 만남도 아름다운 만남이라 할 수 있다. 소중한 만남을 오래도록 간직하며.

그녀의 화원

 오늘 나는 그녀를 만나러 집을 나선다. 그녀를 만나는 것도 중요하지만 그녀의 집에 많은 화초들이 얼마나 피어 있나 보고 싶기 때문이다. 그녀의 집 앞엔 꽃 대궐이라 해도 과언이 아닐 정도로 여러 꽃들이 가득 피었다. 지금쯤 창문 옆으로 길게 넝쿨로 이어진 내가 좋아하는 붉은 장미가 보고 싶다. 잎이 넓고 꽃이 탐스러운 수국도 피어 있고 온갖 꽃들이 다투어 제 모습을 보여주기 때문이다. 지나가는 길손도 눈이 즐겁다.
 만져보고 향기도 맡으며 휴대폰으로 사진도 찍는다. 입구에서부터 화사한 꽃들이 먼저 반긴다. 집 안에 들어서면 화원이 따로 없다. 초록색의 싱그러운 나무들이 줄기를 늘어뜨리고 종류도 다양하게 서로의 자태를 뽐내고 있다. 보는 사람들은 환성을 지른다. 안채 넓은 마당 장독대는 작은 키의 꽃과 야생화로 둘러싸여 있다. 키 작은 야생화는 귀엽고 앙증맞다. 귀고리처럼 생긴 금강초롱은 너무 예뻐서 당장이라도 귀에 걸고 싶다. "식당이야? 꽃집이야?" 누구나 한마디씩 한다. 음식을 시켜놓은 후엔 지루할 틈이 없다. 재촉하지 않아도 꽃구경에 여념이 없다.

식당을 하는 이 집의 주인은 나의 초등학교 동창이다. 그 와중에 틈틈이 꽃 가꾸는 취미가 남달라 참 잘 키운다. 그녀는 친정 엄마처럼 이것저것 퍼 주기도 잘한다. 손수 만든 된장과 고추장이며 김치도 종류마다 싸준다. 우리는 만나면 할 이야기가 너무 많다. 소리 내어 웃고 때로는 울기도 하며 실컷 수다를 풀어놓는다.

소중한 내 친구, 그녀는 홀시아버지 모시며 억척스럽게 살아가는 아름다운 이름, 효부이며 장한 어머니이다. 힘들어도 유명한 명문 대학에 다니는 아들과 딸 자랑에 그녀의 고단한 시름이 눈 녹듯 사라지는 듯하다.

자연에 감사하며

 낮엔 덥고 아침저녁으로 선선한 날씨의 연속이다. 아직은 초여름이지만 그래도 한낮엔 무척 덥다. 식물을 심어놓고 보니 날씨에 민감하지 않을 수 없다. 더운 날씨가 계속되면 식물도 얼마나 목이 탈까 안타까운 마음이 든다. 마당에 놓여 있는 수도를 통해 물을 주지만 비가 오는 것처럼 시원스럽진 않다. 기다리는 비라도 내리면 한시름 놓는다. 여러 가지 조금씩 심어 먹지만 볼 때마다 쑥쑥 커가는 모습을 보는 즐거움은 직접 경험하지 않으면 모를 것이다. 어쩌면 그렇게도 때맞춰 햇빛과 바람, 비가 내려준다. 사계절 풍성한 수확을 얻는다.
 오늘따라 우연히 케이블 방송에서 본 〈한국기행, 한옥을 찾아서〉라는 프로를 본 후 우리나라의 아름다운 자연에 대해서 감명을 받았다. 전통문화와 특히 가옥을 엿볼 수 있었다. 요즘은 한옥이 다시 인기를 끈다고 한다. 방송과 신문에서도 외국인들이 한옥의 매력에 푹 빠져 체험하는 프로그램을 소개하곤 한다. 한옥의 매력은 어디 있을까? 집도 자연 속에서 자연과 함께 숨 쉬고 조화를 이루는 구조 때문에 편안함을 느끼는 것은 아닐까…

가장 한국적인 것이 세계적인 것이라고 했다. 품에 안듯이 주위를 둘러싸고 있는 산줄기는 마을을 감싸고 그 아래 한옥의 기와집은 대문에서부터 안채와 사랑채는 문의 위치까지 바람이 거슬리지 않고 잘 통하도록 만든 조상님들의 지혜는 감탄하지 않을 수 없다. 가지런히 놓여 있는 장독대 위로 꽃잎이 떨어지고 담장을 따라 계절에 맞게 피어나는 꽃과 나무는 집의 운치를 더해준다. 탁 트인 대청마루에 앉으면 넓은 마당과 저 멀리 보이는 산 능선을 따라 정기가 흐르고, 옛날 글 읽던 선비의 청아한 목소리가 들리는 듯하다.

그 집의 안주인인 종부는 많은 제사를 치르고 넓은 집 돌보랴 화려한 모습은 아니지만 고택에 잘 어울리는 기품 있는 자태가 흘러나온다. 삭막한 콘크리트에 익숙한 생활이지만 가끔은 자연 속에 들어가 한옥과 같은 집에서 보내고 싶어진다. 언젠가 여행을 하게 되면 번잡한 일상에서 벗어나 자연 속 그런 집에 잠시라도 머물며 조상님들의 삶과 지혜를 배우고 느끼고 싶다.

밥상머리 교육

 오늘 아침 신문을 보다가 한 문구에 눈길이 이끌렸다. 어느 기업체에서 신입사원을 교육하고 있는 중에 기본적인 예절이 되어 있지 않은 점을 발견하고 〈밥상머리 교육〉이라는 타이틀로 교육을 시킨다고 한 기사였다. 교육 내용 중에는 상하관계로 이어지는 환경에 잘 적응할 수 있도록 지도하고 생활 예절과 식사 매너도 가르친다고 한다.
 요즘 이삼십 대를 보면 대학을 나오고 좋은 스펙도 갖추었지만 기초적인 인성이 부족하다는 이야기들을 많이 듣는다. 아마 기성세대의 우려이겠지만 그래도 가정의 스승 역할을 했던 할아버지 할머니와 함께 사는 가정은 찾아보기 힘들고 형제도 적거나 사랑만 많이 받은 외동이 많은 사회변화의 영향도 있을 것이다. 맞벌이 부부가 늘어가고 전통의 문화와 질서가 서구문화로 빠르게 변화하는 사회다. 내 집 앞 눈도 안 치우니 현수막을 걸어 독려하는 세상이다. 교육의 중심인 학교와 교사의 권위가 존중받지 못하고 부모와 자식은 서로 바쁘다는 이유로 가족 간의 대화의 벽도 두터워졌다. 책과 친구와의 교류보다 컴퓨터와 휴대폰의 자기만의 세계에 아이들을 가두어 놓은 것 같다.

얼마 전에 다녀온 중학교 졸업식과 고등학교 입학식의 풍경은 내겐 충격이었다. 강단에서 식이 진행되고 있는데도 학생들은 휴대폰만 들여다보는가 하면 저희들끼리 떠들며 행사에 집중하지 않고 있었다. 인격을 함양하고 정서를 키우는 책을 읽지 않으면 감성이 메말라가지 않을까 괜한 염려가 된다. 요즘은 인문학 강의나 문학작품 작가의 고향을 찾아가기니 또는 작가와 함께하는 문학기행도 늘어나고 있다. 전국에 작은 도서관이 늘어나고 우리 지역에도 크고 작은 도서관이 새로 생겼다. 모 대기업 회장은 신입사원 교육에 직접 인문학을 접목시켜 강의를 한다고 한다.

뉴스 보기도 겁이 난다. 시청률을 올리기 위해서인지 온통 자극적인 주제와 폭력적인 내용, 막말의 드라마가 당연한 것처럼 너무 많아 처음에는 보기가 불편했던 사람들의 감정도 무디어져 가는 게 아닌가 싶다. 인간적이고 감동적이며 교훈적인 교양 프로가 많아지면 좋겠다. 누군가가 이끌어 주고 선도해야 하는데 가장 사회적 영향력이 큰 방송이 좀 해주었으면 하는 안타까운 마음이다. 〈동주〉라는 영화가 개봉되어 윤동주 시인의 글이 주목받고 있다. 이기주의가 만연하고 정서와 배려가 부족해지는 현대인들에게 하늘과 별. 그리고 바람처럼 문학적 온기로 채워지지 못한 우리들에게 부끄럽지 않느냐고 묻는 건 아닌지 생각하게 된다.

힐링 멘토인 혜민 스님은 너무 착하게 살지 말라고 한다. 자신의 감정은 살피지 않고 남을 배려만 하다 보면 본인은 아프고 힘든 경우가 생기니 자신부터 돌보라고 한다. 그래도 많은 사람들과 만나고 부딪치며 살아가는 세상에서 따뜻한 미소로 손을 내밀며 살아야 할 것 같다.

두 계절이 공존하는 설악

 4월에 눈이 내렸다. 방송과 신문에선 연일 보도하고 있다. 눈 덮인 설악의 모습과 봄꽃을 방영한다. 관광객들은 좋은 일이 있을 것 같다는 기쁨의 인터뷰를 한다. 새삼 내가 살고 있는 속초가 감사하다. 봄이 되면 늘 두 계절을 맞이한다. 바라다보이는 높은 설악산엔 잔설이 남아 있고 그 아래엔 봄꽃이 피어 있다.

 소풍 가는 날 손꼽아 기다리듯이 첫 야외 수업인 오늘은 아침부터 설렌다. 행선지는 목우재이지만 봄기운을 느끼기 위해 설악산 일주도로를 돌아 켄싱턴 호텔도 방문하기로 했다. 설악산 가는 길에 보니 안타깝게도 비바람에 꽃들이 떨어져 아쉬웠다. 눈에 덮인 산봉우리와 그 아래 산줄기엔 이제 연두색을 띠어가는 나무들 사이에 산 벚꽃이 드문드문 보이는 것이 그 어떤 산수화와 비교할 수 있을까…

자연의 변화와 조화가 마음속 감동으로 와닿는다.

　켄싱턴 호텔 방문은 생각하지도 못했던 뜻밖의 호사였다. 총책임을 맡고 있는 양 양덕 선생님의 따님의 초청으로 방문하게 된 것이다. 바쁜 와중에도 시간을 내어 품위와 간결함이 묻어나는 깔끔한 매너로 우리 일행에게 성심껏 안내해 주는 따님이 고맙다. 지나다니면서도 한 번쯤 들어가 보고 싶었던 그 호텔에 이토록 많은 이야기가 숨어 있는 줄 몰랐다. 넓은 마당 옆으로 영국의 상징이기도 한 빨간색 2층 버스가 자리하고 건물도 그리 높지 않게 외관이 산과 잘 어울린다.

　보란 듯이 푸른 기상으로 위엄 있게 서 있는 소나무 위로 멀리 산줄기마다 눈이 쌓인 아름다운 풍경을 시원스러운 양식당의 넓은 창으로 바라보았다. 양식당의 벽에는 영국 왕실의 역사를 한눈에 볼 수 있게 왕실의 위엄과 기품이 흘러넘치는 엘리자베스 여왕과 비운의 왕비 다이애나비의 사진도 여러 왕실 사진들과 함께 걸려 있었다. 잠시 영국의 역사 속에 들어와 있는 듯하였다. 20여 년 전 남동생이 교환교수로 가 있었던 영국에 한 달 동안 머무르면서 버킹엄 궁과 런던 및 여러 지방을 다니며 영국의 문화를 접했던 기억도 나면서 보고 있는 분위기가 낯

설지 않다.

  안내에 따라 먼저 6층 복도 가운데에 놓인 우리나라에 와 있는 각국 대사들의 사진과 그 나라를 상징하는 물건도 같이 놓여 있는 탁자를 관람했다. 호텔에서 마케팅 차원으로 많은 노력을 기울이는 것이 돋보였으며 세계 여러 나라 대사관에 강원도의 아름다운 설악을 알리는 데 심혈을 기울인다고 했다.

  가운데 두꺼운 철제문이 가로막고 있는 방은 고 박정희 대통령이 휴양하실 때 이용하신 방이라는데, 내부를 구경할 때는 왠지 가슴이 두근거리며 온몸의 전율마저 느꼈다. 입구 양쪽에는 경호원과 대통령 가족의 방이 있고 응접실은 양식과 한식 두 가지가 있었다. 역사적 의미 때문에 탁자며 소파 등 모든 물건은 고치거나 바꾸는 일 없이 그대로 보존한다고 했다. 응접실의 모든 창문은 경호 문제로 방탄유리로 되어 있었고 대통령이 머무를 때는 울산바위까지 경호를 섰다는 일화도 있다고 들려준다. 한식 풍으로 꾸며진 응접실 소파에서 보이는 창밖의 모습은 외설악의 가장 아름다운 풍경으로 방송에서도 여러 번 소개되었다고 하니 건물을 지을 때부터 얼마나 세심하게 신경을 썼는지 짐작이 간다. 이 역사적인 순간을 남기기 위해 대통령이 직접 쓰신 휘

호 액자를 배경으로 사진도 찍었다.

응접실에 이어 침실을 보는 순간 커다란 침대 머리 위에 부착된 아치 모양의 특이한 조형물에 압도당한 느낌이었다. 제주도에서 공수해 왔다는 탁자 받침대는 나무뿌리인데 생긴 모양이 여러 마리의 용이 엉켜 있는 듯 장정 몇 사람이 들어야 할 정도로 크고 넓었다. 객실 사용료는 고액이지만 신혼부부나 특별한 날을 기억하기 위해서 이용하는 사람도 많다고 한다. 경제발전과 함께 불행한 역사의 아픔을 고스란히 간직한 인물 한가운데서 잠시 그분의 체취가 느껴지는 듯 발걸음이 무겁다.

1층 로비의 벽에는 유명 배우와 스포츠 스타 및 사회 각계 저명인사들의 사진도 걸려 있었다. 점심은 여러 산나물이 골고루 섞인 산채 나물 비빔밥으로 꿀맛이었다. 김선미 씨 덕분에 도토리묵 무침까지 서비스로 받고 봄맞이 야외 수업은 기쁜 마음을 가득 안고 끝났다. 선생님과 함께한 야외 수업의 하루는 정말 즐거웠다. 활짝 피었던 꽃은 비바람에 떨어졌어도 초록의 기운은 움트고 있다. 오늘 보았던 4월 설악산은 두 계절의 아름다움을 다시 한번 느끼게 해주었다.

2011년 4월

졸업식에서의 눈물

 학교 입구에 들어서니 꽃을 파는 사람들과 졸업식에 참석하는 학부모들로 북적인다. 며칠 전부터 설렘으로 이날을 기다렸다. 오늘 중학교를 졸업하는 아이의 부모와 가까운 친척들, 그리고 가족이 아니지만 그들이 이모라고 불러주는 나도 함께한 자리이다. 강당 안으로 들어가니 재학생과 졸업생이 한데 어울려 본인들이 직접 만들고 출연하는 행사를 진행하고 있었다. 요즘 유행하는 아이돌 그룹의 춤과 음악으로 분위기가 들떠 있었다. 가족들과 자리를 잡고 아이를 찾았는데, 많은 아이들 중에서도 얼른 알아볼 수 있었다. 얼굴은 앳되지만 덩치는 커서 대학생 같다.

 식전 행사가 끝나고 상장을 수여할 때 단상 위에 서 있는 아이를 보며 언제 저렇게 잘 컸을까… 기특

하다. 옆에서 성장을 지켜보았던 나로서는 지나온 시간들이 필름이 돌아가듯 떠올라 눈물이 나왔다. 내가 울고 있으니 옆에 있던 아이의 엄마와 외할머니도 같이 울다 웃는다. 우리 때와 학교 환경이 많이 변한 지금, 힘든 일도 있었겠지만 무사히 마친 데 대한 기쁜 감정의 표현일 것이다. 초등학교 입학식에서 천진난만했던 아이가 중학교 입학식 때 교복을 입은 늠름하고 의젓한 모습이 멋있었는데… 어느새 졸업이라니 대견하고 고마운 마음이다.

내가 옆집의 이 아이에게 정말 큰 기쁨을 갖는 데는 이유가 있다. 아이를 처음 만난 것은 아이가 첫돌도 안 되었을 무렵이다. 지금 살고 있는 아파트에 옆집으로 이사 온 후 오고가며 가까워졌다. 얼마 후 아이의 엄마는 직장에 나가게 되어 아이를 어린이집에 맡기게 되었다. 가끔씩 퇴근이 늦거나 일이 생기면 나에게 부탁을 하여 내가 아이를 데려다주고 데려오며 돌봐주어 자연스럽게 가족처럼 지내게 되었다. 그렇게 시작하여 유치원을 거쳐 초등학교, 중학교 다닐 때까지 나의 손길도 많이 가게 된 것이다.

아이가 우리 집에서 보내는 시간이 많아 거실 바닥을 기어다니기도 하고 놀다 지치면 소파에서 잠이 들곤 하였다. 아장아장 걸음을 걸으며 저 혼자 문을 열고 들어올 만큼 크면서 아예 편하게 다니라고 문은 잠그지도 않았었다. 놀이터에서 잠시 한눈판 사이에 잃어버린 적도 있었고, 저녁에 돌보고 있는 중에 갑자기 열이 심해 내가 급히 병원에 데리고 간 적도 있었다.

밖에서나 안에서나 행여 다치면 어쩌나 노심초사하는 시간이 흐르며 아이는 건강하게 자랐다. 초등학교에 입학했을 즈음으로 기억되는데, 부모님과 함께 홀로 사시는 할아버지 댁에서 주말을 보내고 오면 아이가 "이모, 할아버지가 불쌍해요."라며 울먹이며 말하여 나도 가슴이 먹먹하며 깜짝 놀라기도 하였다. 밤에 혼자 자면 무섭지 않느냐고 묻기도 하고, 어린이의 맑은 심성이라 해도 근본적으로 착한 심성으로 태어난 아이다.

동생을 낳아달라고 졸라 낳은 동생도 벌써 초등학교 5학년이 되었다. 동생도 형이 했던 대로 스스럼없이 내 집을 드나들며 나의 돌봄도 이어졌다. 형제를 보면 왠지 내 마음도 뿌듯하고 든든하다. 엄마의 빈자리를 채워주며 돌보던 사이 아이들은 내게도 즐거움을 주는 활력소가 되었다. 맛있거나 색다른 음식이든 무엇이든 나누어 주고 기쁨과 힘든 일도 함께했다. 아이들이 커가는 모습을 지켜보며 보낸 세월이 어느덧 17년째다.

　나는 노인이 되어가지만 여전히 이모라고 불러준다. 아침이면 출근과 등교 전쟁이 시작되고 엄마의 목소리는 커진다. 어느 집이나 비슷한 풍경이지만 내겐 정겨운 모습이다. 아이가 걸음마를 시작할 무렵 넘어질 듯 뒤뚱거리며 한 발 두 발 걸음을 뗄 때 아이의 엄마와 떠나갈 듯 손뼉을 치며 크게 웃었던 일은 세월이 흘러도 잊을 수가 없을 것이다. 아이들은 커서 어린 시절을 기억하지 못하더라도 자라면서 함께 했던 많은 일들은 내가 준 사랑보다 내가 받은 사랑이 더 크다고 생각한다.

　탈 없이 잘 자라주어 고맙다. 며칠만 못 보면 보고 싶은 사랑스러운 아이들이다. 곧 고등학생이 되고 대학생이 되어 졸업하면 어엿한 사회인으로 가정을 이루는 모습까지 그려본다. 그렇게 아이의 중학교 졸업식이 나에게 특별하고, 좋은 인연으로 소박하게 살아가고 싶다.

　　　　　　　　　　　　　　　　　2015년 2월

나에겐 사투

"생년월일과 이름은 어떻게 되시죠?"

수술실을 들어서며 엄습해 오는 불안과 공포 속에 눈을 감고 들리는 소리에 촉각을 세운다. 의사와 간호사들의 움직임과 수술기구들의 부딪치는 차가운 소리와 서늘한 공기에 마치 냉동실에 누워 있는 것 같이 나는 사람이 아닌 듯했다. 실험실에 들어온 동물인가 생각하는 짧은 순산에 나는 두 시간 십 분 동안 죽어 있었다. 눈을 떠보니 머리 위에 주렁주렁 매달린 각종 수액들과 누군가의 소중했던 혈액이 양팔의 혈관을 타고 생명을 불어넣듯 내 몸속으로 들어온다.

입이 바짝바짝 타도 여덟 시간 동안 물을 마실 수가 없다. 물을 먹은 후 두 시간이 지나서야 죽 한 그릇 먹었다. 움직일 수도 없고 심한 통증으로 가장 견

디기 힘들었던 첫날의 상황이었다. 이젠 세상에 없는 엄마를 울면서 불렀다. 목소리만 들어도 나을 것 같은 심정이었다. 너무 아프다 보니 오래전 신문에서 본 이해인 수녀의 암 투병 기사에서 엄마를 부르니 위안이 되었다는 글이 문득 생각이 났었다.

현대의학의 도움으로 휘어진 다리를 일자로 만드는 오른쪽 다리에 인공관절 수술을 받았던 것이다. 6개월간 고민과 인터넷과 신문 등 온갖 정보를 찾아보고 결정한 수술이었지만 정말 뼈를 깎는 아픔이 이렇구나… 절감하였다. 내가 너무 나약한 건지 밤낮으로 눈물이 마를 새가 없다. 진통제와 수면제로 버티고 시간이 흐르며 통증은 조금씩 사라졌다. 속상했던 일은 무릎이 꺾이지 않는다는 이유로 수술실을 한 번 더 가서 강제로 꺾었다는 일이다. 의사는 종종 있는 일이라고 했지만 너무 속상했다.

또 하나의 힘든 경험은 다양한 사람들과의 24시간 불편한 동거였다. 간병비를 아끼느라 고통을 참는 사람, 병원비가 모자라 어딘가 전화하며 애쓰는 사람, 찾아오는 가족이 없어 외로워 보이는 사람, 허세를 부리며 잘난 척하는 사람, 지나친 애정 표현으로 눈총을 받는 사람도 있다. 그리고 모든 사람들에게 기도를 해주시던 권사님의 고마움은 지금도 잊을 수 없다. 좁은 공간에서 매일 반복되는 일은 참아야 하고 배려하며 양보해야 하는 일들이 우리네 인생과도 같았다.

누구나 살아가며 때로는 힘들고 지칠 때 쉼표가 필요할 때가 있다. 지나온 날을 되돌아보며 많이 생각하는 시간이 되었다. 한 달간의 입원이 끝나면 꾸준한 재활치료가 기다리고 있다. 무엇이든 희생과 대가 없이 성과를 얻는 일은 없는 것 같다. 새로 입원하고 퇴원하며 만났던 사람들, 특히나 자식 뒷바라지 끝에 무릎 관절병을 얻은 우리네 장한 엄마들이 힘들어하며 이겨내는 모습을 보며 마음이 아팠다. 가방 속 세 권의 책은 꺼내보지도 못하고 전도하러 다니는 분들이 준 나무 십자가를 목에 걸고 기도하며 고통을 참아낸 시간들이 스스로 대견하였다. 퇴원하던 날 유월의 태양은 뜨서웠다.

2011년 6월

굿바이 혹

 이 아름다운 가을에 나는 온통 혹 덩어리 하나에 신경이 곤두서 있다. 하루하루를 우울하게 보내게 되면서 어쩌면 혹시나 하는 생각에 걱정에 빠져든다. 온몸이 열병이라도 난 듯이 너무 아프다. 감기를 앓아 본 지가 오래된 것 같은데 아무래도 수술 날짜를 받고 나니 예민해져 생병이 났나 보다. 기침에 목이 아프고 두들겨 맞은 듯이 쑤시고 목소리도 안 나온다.
 2년 전 우연히 발견된 귀 뒤의 작은 혹을 차일피일 미루다 드디어 수술하게 되었다. 그사이 혹이 커져 동생한테 병을 왜 키우느냐고 미련하다고 핀잔을 들었다. 핑계 같지만 속초를 벗어나면 불안해하는 엄마를 일주일 이상 혼자 둘 수가 없었다. 의식주에 관해 일일이 신경을 써야 하니 내 걱정보다 엄마 걱정이 더 크다. 시월 중순에 날짜를 잡고 보니 불안과 두려움에 이 생각 저 생각 새벽까지도 잠을 이루지 못해 다음날엔 피곤이 몰려와 신체리듬마저 깨져버렸다. 정신은 또렷해지고 머리는 혹시나 하는 생각으로 꽉 차 있다.

  전신마취를 한다니 혹시 깨어나지 못하면 어떡하나 그까짓 죽음이야 누구나 다 가는 길인데 너무 욕심내는 건 아닌가? 좀 더 의연하지 못한 나 자신이 안쓰럽다. 별의별 안 좋은 생각으로 몰고 가서는 스스로 슬픔에 잠기니 잠이 올 리가 없다. 매일 밤이 모양이다. 죽을 날짜 받아놓은 사람마냥 의욕도 없다. 계절의 변화를 느끼며 다른 한편으론 저 고운 단풍을 다시 볼 수 있을까. 의술도 약도 좋은데 웬 걱정을 사서 하느냐고 주위에서 더 난리다. 마음의 준비를 단단히 해야지 다시 한번 굳게 마음을 다잡는다.

  무사히 수술을 끝내고 집을 떠난 지 일주일 만에 돌아와 꿀맛 같은 잠을 잤다. 편안한 나의 집에서 꿈을 꾼 듯이 수술하던 날이 떠오른다. 제일 추웠다는 서울 날씨는 긴장감 때문인지 별로 못 느꼈다. KBS 〈아침마당〉에 출연한 최고 권위의 의사이기에 믿음이 가서 안심은 했지만 막상 수술대 위에 오르고 보니 온갖 기계들이 나를 향해 쏘아 보고 있어 아예 눈을 감아버렸다. 건장한 체격에 거북이 손바닥 같은 두툼한 손으로 의사가 내 손을 잡으며 "이름이 무엇이죠?" 묻는 말에 또렷이 말했다.

"박경옥입니다."

"이곳에 오기 전에 어느 병원에 갔었나요?"

"네, 속초의 이비인후과에 갔었습니다."

그 후 나는 한 시간 삼십 분 동안 죽어 있었다. 장막이 걷히듯이 서서히 마취에서 깨어나기 시작했다. 코에는 산소호흡기가 끼워져 있고 산소통 옆에는 수액이 주렁주렁 달려 있었다. 가족들의 목소리가 들리니 왈칵 눈물이 났다. "괜찮은 거야?" 저마다 부르니 이제야 살았다 싶어 두 손 높이 들고 소리치고 싶었다. 보름여 동안 잠 못 들게 했던 불안과 초조가 한 방에 날아가 버렸다. 혹시나 하며 남몰래 우울해했던 시간들이 깨끗이 사라지는 순간이다.

돌아오는 길에 창밖으로 보이는 늦가을 풍경은 더욱 아름답다. 다시 또 하얀 겨울을, 그리고 봄, 가을도 바다도 다시 볼 수 있다는 사실에 "고맙습니다."는 말이 절로 나온다. 나를 사랑하는 사람들의 이름을 떠올리며 속삭여 본다. "사랑합니다."

내가 나에게

휴대폰이 울렸다. 모르는 번호인데 누굴까?

의아한 생각에 받으니 대뜸 귀에 익은 목소리가 들린다.

"경옥 씨, 나야. 남궁 명!"

반가운 목소리, 오랜만이다.

"어머, 번호가 바뀌었네. 잘 지내시죠?"

잘 알고 지낸 분인데 한동안 서로 연락이 뜸했나. 그쪽에서 하는 말이

"아니, 어쩌다가 그렇게 되었어? 무릎이 얼마나 안 좋으면 지팡이를 짚고 다닌대?"

조금씩 불편을 느끼던 오른쪽 무릎이 작년 6월경부터 갑자기 통증이 심해져서 병원에 가보니 관절염이 심해졌으니 물리치료와 연골 영양주사를 맞아야 한단다. 그 순간 청천벽력이었다. 인공관절 수술

을 받은 후 10여 년 그런대로 잘 지내왔는데, 기능이 다시 퇴화되었다고 한다. 통증이 있어도 걸어주어야 한다니 절룩거리며 걷는 심정을 누구에게 호소할까. 수술을 받았는데도 어찌 이 모양이 되었나 생각하니 서러워 눈물을 흘리며 걸었다. 지난겨울 유난히 눈이 많이 와서 바깥출입이 겁나지만 집 안에만 있을 수 없는 일, 정보관에 가서 책이라도 읽어야 직성이 풀리니 집에서 무조건 나왔다.

비가 오나 바람이 부나 유행가 가사 같지만 운동을 위해선 매일 걷는다. 눈이 올 때에는 등산용 스틱을 지팡이 삼아 써보니 편하고 안성맞춤이다. 쩔룩거리며 좀 창피하기도 했지만 미끄러지지도 않고 안전하게 의존하여 겨울을 잘 보냈다. 누군가에게 나의 근황을 들었던 차에 스틱을 짚고 걸어가는 내 모습을 우연히 버스에서 보고는 딱한 마음에 전화를 한 것이다.

절룩이며 낮에는 열심히 걷다 보니 밤에는 통증에 시달려 괴로워하다가 잠이 든다. 이 나이에 인공관절의 퇴화가 너무 빨리 온 게 아닌가? 혹시 좋은 처방이라도 있을까 여기저기 온갖 정보를 다 뒤져봐도 결국엔 재수술이 답인 것 같아 마음이 착잡해진다. 내가 나를 너무 혹사했나? 그렇지도 않은 것 같은데…. 요즘은 전국적으로 올레길이 유행인데… 갑자기 하고 싶은 것도 많아진다. 얼마나 제대로 걸을 수 있을까? 올레길은커녕 영랑호 길도 제대로 못 걷게 생겼다. 제일 힘든 건 계단이나 오르막 내리막 길이다. 이제 칠십 초반에 이래서야… 한심하고 불안한 생각이 든다.

 무릎이 심하게 아프고부터는 마음이 먼저 약해지고 신체적인 결함이 사람을 주눅 들게 한다. 그래도 자연스럽게 받아들이고 마음을 비우며 책 속에서 기쁨을 찾으리라. 그렇게 생각하니 일주일에 한 번은 문학소녀로 돌아가는 즐거움이 있다. 특히 작년엔 행복했다. 부끄러운 글 써놓고 나 혼자 놀라고 신기해서 보고 또 보고 주위의 몇 사람은 나에게 문학소녀라는 별명을 붙여주었다. 이제부터는 내가 나를 더욱 아끼고 사랑하는 거다. 경옥아, 사랑해.

2021년

나의 바다

"언니는 참 좋겠다. 바다를 매일 본다니 너무 부러워."

명절을 앞두고 안부 전화 끝에 하는 친척 동생이 말이다. 가끔은 이메일도 주고받으며 속초에 살고 있는 나를 무척 부러워하는 말에 우쭐해진다. 친척 동생은 바다가 고향도 아닌데도 유난히 바다를 그리워한다. 그때마다 나는 약이라도 올리듯

"우리 집은 바다도 잘 보여서 아침마다 떠오르는 해를 보며 아침을 맞이하는 기분이 늘 즐거워. 매일 새해를 맞이하는 기분이야. 놀러 와라."

바쁜 도시 생활에서 여유 없이 살아가는 푸념을 들어주다가 결국 내 자랑으로 끝난다. 이른 아침엔 복도에 나와 바다를 바라보는 것으로 나의 하루가 시작된다. 설레는 마음으로 어제와 또 다른 모습의

바다를 보며 힘차게 새벽을 연다. 바다를 보고 있노라면 광활한 자연의 대서사시와도 같은 모습에 숙연해진다.

사방이 회색빛으로 갇혀 있던 그 시절, 내 유년과 소녀의 바다는 나에겐 지금도 아련한 그리움으로 채워져 있다. 바다가 없었다면 난 어떻게 외로움을 견뎌낼 수 있었을까. 돌아보면 바다는 내가 성장하는데 어머니 다음으로 큰 영향을 미쳤다. 바다는 우리 집과 지척의 거리에 있었으니 집에서 나오면 바로 푸른 바다가 펼쳐져 있었다.

잠자리에 들면 철썩 처얼썩, 파도 소리는 나의 자장가가 되어주었고 파도에 떠밀려 와 백사장에 널브러진 온갖 해초들의 내음은 어머니의 살 내음처럼 내겐 너무 정겨운 고향의 향수가 되었다. 그 후로 오랜 세월 미물러 있던 도시의 삶에서도 가슴에서는 출렁이는 파도의 파동을 느끼곤 하였다. 그 파동의 생명력은 강인한 인내력과 포용력을 길러주었으며 내 견고한 고독까지도 포근하게 감싸안아 주었다.

"분명히 파도 소리가 들렸는데…."

잠결에 들리는 잔잔한 파도 소리…. 불현듯 잠에서 깨어나 소리를 찾아 헤매는 새벽녘. 파도는 내 의식 속으로 들어와 늘 나를 잠재우고 또 깨웠던 것이다. 고독한 역경 속에서도 힘이 되어준 원동력은 바다였다. 막연하게 고향 바다의 귀향을 기다리다 드디어 돌아오던 날 주위 사람들의 한마디는 "설악산이 옆에 있어 얼마나 좋아." 부러움의 인사였지만 내 마음은 산이 아닌 바다에 가 있었다.

그렇지만 어찌 바다만 좋으랴. 산과 바다. 호수, 천혜의 자연환경을 가진 속초는 한 폭의 풍경화요, 수채화다. 이제는 돌아갈 수 없지만 내 어린 시절의 바다는 중년을 지난 지금도 시련과 함께 아름다운 추억으로 살아 숨 쉰다. 바다는 내 삶의 안식처와 같던 어머니의 품속에 깃든 나의 등대이다.

새봄을 맞이하는 마음

3월, 참 예쁘고 설레는 숫자이다. 좋은 일이 기다려지는 희망의 봄을 맞이하는 3월 중순에 함박눈이 펑펑 내렸다. 봄을 맞기에는 이른가 보다. 금세 메마른 나뭇가지에 소복이 쌓였다. 내리는 눈을 맞으며 어린아이처럼 즐거워하며 걸었다. 두 번의 큰 폭설에 아쉬운 겨울을 보낸 것이 마음으로 못내 서운하였나 보다.

따뜻한 날씨 때문에 하룻밤 사이에 눈이 다 녹아버렸다. 눈길이 걷는 것이 낭만적이지만 마냥 좋은 것도 아니었다. 첫눈 오던 날 넘어지며 왼손으로 땅에 짚은 충격으로 허리도 아프고 치약도 짤 수 없을 정도로 손목의 통증이 심해 한참을 고생했다. 2년 전에도 넘어지며 오른손 팔목이 부러져 몇 달 동안 깁스하고 지낼 때의 불편함이란 이루 말할 수 없었다. 지금은 넘어지는 것이 제일 무섭다. 나이가 나이니만큼 골다공증의 위험에서 벗어날 수 없다.

　겨울이 물러났다 하지만 아직 바람은 차갑다. 봄으로 넘어오는 길목에서 심한 감기로 열병을 앓듯이 많이 아프기도 했는데, 감기 한 번 걸리지 않고 씩씩하게 노인정 다니시는 엄마가 그렇게 고마울 수가 없다. 노심초사하면서도 겨울을 무사히 넘긴 것이 감사하다. 엄마를 생각하면 난 아파서는 안 된다고 열심히 병원에 다녀서 빨리 회복이 되었다.

　겨우내 책도 제대로 못 보았으니 글도 잘 써지지 않고 왠지 마음의 안정을 찾지 못했다. 이제 새봄이 되었으니 굳어 있는 머리에 활력을 불어넣어야겠다. 뜨거운 열정과 돈독한 정으로 보낸 선생님과 문창반 회원님들도 해가 바뀌어 헤어지는 아쉬움도 있었다. 모두 함께 서로에게 힘이 되어 글 속에서 울고 웃으며 지낸 시간들이 아름다운 추억으로 남았다. 책속에서 보고 싶은 얼굴들을 찾아본다. 봄을 말할 때 새봄이라고 한다. 일상에서부터 새로운 마음을 가지고 특히나 선생님과 동아리 회원님들과의 만남도 아름답게 이어가고 싶다.

2012년 3월

메밀꽃 향기를 따라서

> 산허리는 온통 메밀밭이어서 소금을 뿌린 듯이 흐붓한 달빛에 숨이 막힐 지경이다.
> 붉은 대궁이 향기같이 애잔하고 나귀들의 걸음도 시원하다.
>
> 이효석, 《메밀꽃 필 무렵》 중에서

한국 현대문학에서 서정적이며 향토적인 빛나는 소설을 남기신 가산 이효석 선생을 배출한 평창군 봉평면 '효석문화마을'은 메밀꽃 필 무렵의 실제 무대이기도 하다. 연일 방송과 신문에서 이효석문화제 소식을 알리고 있다. 오래전부터 꼭 가보고 싶었는데 이제야 조금은 여유로운 마음으로 길을 떠난다. 속초에서 강릉을 거쳐 장평으로 가서 다시 시내

버스를 타야 하는 번거로움이 있지만 창밖에 비친 수려한 풍경을 보는 즐거움에 지루한 줄 몰랐다. 장평으로 들어서니 좌우로 메밀꽃밭이 보이기 시작하면서 작은 흥분마저 느낀다. 설렘으로 떠난 여행이 감동적인 풍경부터 즐거움이 배가 된다. 떠난다는 것은 새로움을 경험하는 일, 둘이 아니라도 좋다. 몸과 마음이 새털처럼 가볍다.

문화제가 열리는 현장엔 이미 많은 사람들이 와 있다. 각각의 부스에서 전시품들을 보며 체험하고, 빙 둘러 있는 주막에선 방문객들이 토속 음식 안주에 막걸릿잔을 기울이고 있다. 메밀꽃 밭을 가기 위해서는 축제장에서 다리를 지나야 하는데 다리 아래에는 섶다리도 재현해 놓아 그 시절 향수를 불러일으킨다. 허 생원과 성 서방네 처녀가 정을 통했던 물레방아는 식당마다 있는 것 같았다. 사람을 태우고 지나가는 나귀행렬을 보며 힘차게 돌아가는 물레방아 옆에서 먹은 막국수와 메밀전은 별미였다.

오늘따라 30도가 넘는 땡볕에도 간간이 불어오는 바람은 시원하고, 끝없이 펼쳐진 메밀꽃밭의 하늘거리는 모습을 보는 순간 그 풍경은 무어라 형용할 수 없다. 소금을 뿌린 듯 흐드러지게 핀 메밀꽃을 보기만 해도 숨이 차오를 듯 서정적 정감에 젖게 한다.

그 시절에나 지금에도 민초들의 고단한 삶의 모습과 토속적인 정서를 그대로 드러낸 아름다운 문학의 순수함은 현대를 살아가는 우리들의 메마른 감성을 촉촉이 적셔주고 있다.

드넓은 메밀밭 사이로 포토 존도 있고, 노래도 신청받는 디제이 박스도 있어 나의 신청곡 김현철의 〈비처럼 노래처럼〉을 들으며 메밀꽃 향기에 마음껏 취했다. 만져보기도 하고 꽃밭에 들어가서 인증 샷까지 찍으며 마냥 꽃밭을 헤치며 다녔다. 화목한 가족이나 행복한 연인들의 많은 인파 속에 나 홀로 있어도 외롭지 않았다.

많은 프로그램으로 체험할 것과 볼 것도 많았지만 이효석 생가와 문학관을 가기 위해 길을 나섰다. 물어가면서 언덕 위의 문학관에 힘들게 오르고 나니 남은 범벅이고 기운이 다 빠졌다. 이효석의 작품세계와 유품을 시간의 흐름에 따라 깔끔하게 정리해 놓은 문학관까지 둘러보니 잠시 그 시절로 돌아가 있는 듯했다. 메밀밭을 그린 화가들의 그림은 또 다른 느낌으로 와닿았다.

생가와 숲. 공원. 영화까지 더 많은 프로그램이 있었지만 날씨가 더운 탓에 일찍 메밀꽃 여행을 마무리하기로 했다. 집으로 돌아오는 내내, 집에 온 후에도 아직도 그 시간에 머물러 있다. 지우고 싶지 않은 아름다운 풍경에 얼마 동안은 메밀꽃 향기에 취해 있을 듯싶다.

2015년 9월

결실의 10월을 보내며

알 수 없는 그리움이 불현듯 밀려오는 늦가을 어느 오후 잠시 상념에 젖는다. 계절이 10월 말로 접어들고 있다. 나무들은 저마다의 옷으로 갈아입고 단풍은 절정에 이르렀다. 세상은 온통 축제라고 연일 떠들썩하다. 사계절 중에 가을이 가장 멋을 내기 좋은 계절이 아닌가 싶다. 가까이 있어도 찾지 않았던 설악산을 네 번이나 다녀왔더니 새삼 활기가 느껴진다.

올해는 해마다 여는 설악문화제의 일환으로 설악동에서도 여러 행사가 있었다. 프로그램 중 하나인 시화전도 같이 열렸다. 양쪽으로 길게 드리워진 그림과 시에 관광객의 발길과 눈길이 멈춘다. 설악산을 찾은 관광객들에게 가을 정취와 함께 또 하나의 감동이나 추억이 되었으면 좋겠다. 온 산은 불타오르듯 붉고 아름답게 물들어가며 가을은 추억의 시간을 만들며 깊어가고 있다. 많은 인파 속에서 내가 살아 숨 쉬고 있다는 생동감의 느낌이 너무 좋다.

풍요로움 속에서도 겨울을 무사히 잘 보내기 위해서는 조금씩 겨울맞이 준비를 해야 한다. 엄마가 사는 집은 오래된 단독주택이라 집안 곳곳에 바람막이부터 수도관 보온까지 세심히 신경을 써야 한다. 올해도 마당 한 가운데 큰 화분에서 토마토도 많이 열렸었다. 뒤뜰 텃밭에선 금배추가 스물다섯 포기나 심어져 있어 곧 김치로 탄생할 날을 기다리고 있다. 삼십여 그루의 고추나무에는 빨갛게 익은 고추들이 꽃처럼 예쁘게 달려 있다. 색깔이 어쩌면 그리도 고운지 따는 손길이 머뭇거려진다.

늙은 호박들이 지붕 위에서 제집인 양 떡하니 여기저기 자리를 잡고 앉아 있다. 옹벽에 걸쳐둔 오이 넝쿨 지지대에는 오이 줄기가 칭칭 감아 올라가고, 옆집에서 넘어와 달려 있는 호박은 여름부터 지금까지 인심 좋은 이웃 덕분에 따 먹는 재미가 쏠쏠하다. 가끔 넘어온 호박은 누가 주인인지 생각해 보면 웃음이 나오곤 한다.

들판 위에 풀어놓은 햇살에 알알이 곡식과 열매들이 익어가는 풍요로운 가을은 축복의 계절이다. 고운 저 단풍처럼 뜨거운 열정을 가슴에 묻고 다시 하얀 겨울로 돌아갈 준비를 한다. 속초의 겨울은 높은 산과 바다가 있어서인지 춥다가도 따뜻하다. 떨어지는 낙엽이 쓸쓸하다지만 아름다운 세상에 행복한 마음을 가득 채우고 맞이하는 겨울은 춥지 않겠다. 엄마와 함께 따뜻한 겨울을 보내고 싶은 마음이 가슴에 가득한 가을날이다.

2012년 10월

추석 감회

저 둥근 달을 사람들은 얼마나 처다볼까…. 추석 명절이면 으레 한바탕 전쟁을 치른다. 방송에선 연일 도로정체 현장을 비춘다. 바삐 온다고 급하게 가느라고 둥근 달이 뜬 밤하늘을 제대로 보았을까…. 여유롭고 편안한 마음으로 13층 복도에서 한가위 보름달을 바라본다.

건너편과 옆 동의 창문 불빛 사이로 따뜻하고 행복한 가족의 웃음이 들리는 듯하다. 넉넉하고 풍성한 둥근 달처럼 "더도 말고 덜도 말고 한가위만 같아라."고 했다. 만나는 사람마다 웃음 나누며 주고받는 인사에는 푸근한 정이 들어 있다. 한가한 명절이지만 혼자 보내는 연휴의 시간들이 때론 무료하기도 하여 티브이 리모컨만 이리저리 돌려보기도 한다.

옛날엔 며칠 전부터 장을 보고, 약밥이며 수정과에 식혜까지 만드는 그 많은 일을 어찌했을까 싶다. 요즘은 시장에서 송편을 사다 먹는 집도 많아졌지만, 옛날에는 추석에는 송편, 설날에는 만두를 만들어 먹었다. 송편을 한쪽에선 쪄내고 각자 만든 송편을 찾아 속에든 콩이나 깨를 골라 먹는 재미가 있었다. 만두를 만들다가 피가 남으면 속이 모자라고 속이 남으면 피가 모자라 부랴부랴 속과 피를 더 만들러 들락날락했다. 송편이나 만두는 많이 만들어서 식구들이 가져가기도 하고 냉동실에 넣어두기도 했다.

빠른 것은 세월뿐 시월이 되니 벌써 한 해가 저물어 가는 느낌이다. 보름달을 보며 소원을 빈다. 엄마와 동생들 가족 그리고 나와 인연이 된 모든 분들에게 좋은 일만 가득하기를 기원하는 추석날 밤이다.

2011년 추석

가을이기 때문에

 가을이 와서 단풍이 물든다 하니 어서어서 오라고 연일 매스컴에선 시끄럽다. 내가 살고 있는 이 도시에 설악산이 있으니 사계절 내내 들뜬 분위기에 휩싸인다. 봄이면 봄대로 여름엔 바다 때문에 가을엔 단풍이 겨울엔 눈과 함께. 지금은 교통이 좋아져 시간이 단축되니 전국에서 좀 더 쉽게 올 수 있는 곳이 되었다. 거리엔 관광버스와 화려한 옷차림의 관광객들로 넘쳐난다.

 나도 같이 설레며 동화되어 간다. 마음이 붕 떠 있으니 어디론가 가야 할 것 같은 그런 마음이다. 그래서인지 《메밀꽃 필 무렵》의 봉평도 다녀오고 작가와의 만남으로 인제 만해마을도 다녀오는 등 가을바람에 떠다닌다. 창밖으로 보이는 설악산과 울산바위가 눈앞에서 손에 잡힐 듯하다. 단풍은 산 위에서부터 내려오고 잔잔하게 불어오는 바람과 수려한 산세는 어느 계절에 보아도 늘 아름답고 새로운 모습으로 다가온다.

마음을 진정하여 책을 읽으려 해도 글을 쓰려고 해도 잘되지 않는다. 가을 때문이다. 가을이 되면 왜 그립고 보고 싶은 사람들이 떠오르는지 이리저리 생각이 많아진다. 모처럼 시인 김용택 부부가 주고받은 편지 내용을 묶어낸 책을 읽었다. 서로가 존경하며 사랑을 나누는 부부의 아름다운 일상이 잘 그려져 있어 소박하고 잔잔한 감동을 준다. 자연을 사랑하고 그리고 별을 노래하는 섬진강 시인의 수채화처럼 살아가는 이야기에 빠져들었다. 작은 체구에서 뿜어 나오는 카리스마와 유머로 좌중을 이끌어 몰입시키며 방대한 지식의 스토리를 풀어나가는 심흥신 삭사와의 만남도 이 가을에 기다린 수확이 아닐 수 없다. 잠자고 있는 뇌를 깨우며 미처 알지 못했던 우리나라의 위대한 역사에 나 자신의 자존감까지 높이 세워주는 귀한 시간이었다.

내가 살고 있는 이 도시는 아름다운 곳이다. 산과 바다와 호수를 둘러싸고 있는 공원길이며 어디를 둘러보아도 시가 절로 나올 것 같은 감성에 젖어든다. 가까이 있어 소중함을 느끼지 못하는 것이 어디

이것뿐인가 싶다. 가을이 익어가고 있다. 사랑하는 나의 모든 사람들에게 풍성한 마음을 나누고 싶은 그런 가을이다.

이별의 11월

떨어지는 나뭇잎을 바라보며 생각에 잠긴다. 나무와의 인연도 다 한 듯 쓸쓸히 떨어진다. 하늘이 내어준 따뜻한 바람과 푸른 하늘의 햇살과 맑은 공기의 아름다운 가을 세상에 흠뻑 취해 있다. 지금 이 순간에 느끼는 감정은 내일도 모레도 같을까 생각하는 순간 서글픔이 찾아 든다. 내년에도 살아 있어 다시 볼 수 있을까…. 행복한 시간도 잠시 불안하기까지 하다. 나이가 들어가면서 생각도 바뀌겠지. 세상엔 변하지 않는 건 없으니까.

    버려야 할 것이
    무엇인지 아는 순간부터
    나무는 가장 아름답게 불탄다

제 삶의 이유였던 것

제 몸의 전부였던 것

버리기로 결심하면서

나무는 생의 절정에 선다

방하착放下着

제가 키워 온,

그러나 이제는 무거워진

제 몸 하나씩 내려놓으면서

가장 황홀한 빛깔로

우리도 물이 드는 날

도종환, 〈단풍드는 날〉

   도종환 님의 〈단풍드는 날〉을 떠올려본다. 나무와의 이별을 고한 나뭇잎은 바람에 날리며 어디론가 가야만 하는데 떠나지 못하는 듯 나뒹굴고 있다. 사람들의 찬사를 한 몸에 받았던 시간도 잠깐 지나고 나면 누구도 돌아보아 주지 않는다. 내게 남아 있는 시간은 얼마나 될까. 오늘도 나에게 주어진 시간의 조각들이 하나씩 떨어져 나갔다. 똑같은 오늘은 없을 것이다. 마음속에 깊이 간직하리라. 계절의 변화가 있다는 것은 얼마나 다행한 일인가. 계절에 따라 자연에서 배우고 연약한 마음을 위로받고 우리들 삶에도 새로운 희망을 준다. 나뭇잎 떨어진 앙상한 나무엔 봄이면 다시 싹이 돋아나 푸르른 잎들을 피워낼 것이다. 가끔은 고개 들어 하늘을 보자. 청색의 물감이 쏟아질 것 같은 청명한 가을하늘, 가슴속까지 시원하다.

나의 꿈은…
한 해를 보내며

"오늘 하루가 소중하네요."

KBS 아침방송 〈황금연못〉에 나온 어느 게스트가 눈물을 지으며 한 말이다. 제목에 맞게 노인들을 위해 만든 프로였다. 출연자의 애절한 한 사연이 모두를 감동시켰다. 젊은 시절 부부 교사로 만나 결혼하여 살아가던 중에 아내가 사십 대에 눈이 서서히 보이지 않더니 실명하였다. 절망에 빠진 아내를 위해 살고 있는 집 1층에 옛 물건들을 수집해서 전시해 놓고 풍금도 마련하여 아내가 마지막으로 가르쳤던 3학년 2반 교실을 재현해 놓았다. 앞이 보이지 않고 학생은 없어도 느낌과 마음으로 교사 생활을 이어 갈 수 있도록 보살펴 준 것이다.

입소문을 타고 방송에 소개된 후에는 전국적으로 알려져 초·중·고 학생을 비롯해서 노년에 이르기까지 방문하는 명소가 되었다고 한다. 가난했던 시절을 회상하며 타임머신을 타고 찾아오면 누구나 초등학교 3학년으로 돌아간다. 아내가 들려주는 풍금 소리에 귀에 익은 동요를 부르고 교복도 입어보며 "맞아, 맞아! 그때는 그랬지." 하며 회상의 시간을 보낸다. 부부의 일상을 담은 영상이 소개되고 패널로 나온 오십여 명의 남녀 어르신들은 눈물을 흘리며 박수를 보낸다. 나도 눈물이 났다. 천직으로 여겼던 아내의 교직 생활을 연장선상으로 만들어 준 남편의 정성이 고맙고 눈물겨웠다.

나의 꿈은 섬마을 선생님이었다. 아버지가 교직에 계셨던 것도 영향을 미쳤을 것이다. 내가 중학교에 들어간 지 얼마 되지 않아 서울 친척 집에 의탁할 사정이 생겨 친척이 운영진으로 있던 학교에 들어갔지만 나의 희망을 이룰 수는 없었다. 지금도 가끔 꿈속에서 아이들과 모래사장에서 뛰어노는 꿈을 꾼다. 계절이 주는 쓸쓸함 때문인지 우울해질 때가 있다. 보건소의 헬스장에도 가고 도서관으로 가는 버스 정류소에 서 있다가 설악산행 버스가 오면 무작정 타기도 한다.

바닷가에 살면서도 바다를 가까이 보고 싶으면 영금정을 찾아서 음악을 들으며 부딪치는 파도를 바라본다. 지나온 날들을 돌아보니 꿈을 꾼 듯하다. 어디에 시선을 두어도 정겹던 사물들도 눈물에 가려 보이지 않았던 힘들었던 시간들에도 바다가 위로해 주었고 캄캄한 밤에는 달빛이 찾아와 주었다. 사는 게 다 그런 거라며 세월이 약이라고 그렇게 살아지는 것을, 지금이라도 알아서 다행이다. 자연과 바다가 가르쳐 준 것이다.

  어느덧 비가 내리고 바람이 불어 낙엽은 떨어지고 겨울이 왔다. 하루하루 사는 것에 감사해야 하는데 왜 점점 힘들어지는지 요즈음 팽팽한 긴장감이 없을 때가 많다. 거리엔 송년회 현수막이 보인다. 누군가 그토록 살고 싶어 했던 어제고 오늘이 아닌가. 나이가 들어가는 모습도 때로는 죽음까지도 나를 내려놓는 연습이 필요한가 보다.

                                                  2013년 12월

어느 새벽에

여름의 끝자락을 붙잡고 새벽부터 매미가 울어댄다. 하루를 시작하기 전 늘 그러하듯이 복도에 나와 바다를 바라본다. 처서가 지나자 아침저녁으로 서늘한 기운마저 느낀다. 일출의 장관이 펼치기 전 붉은 바다 위에 너울거리는 구름 사이로 찬란한 그대를 만난다. 두근거리는 가슴을 진정하고 한 번도 똑같은 모습을 보여주지 않는 변화무쌍한 풍경은 우리네 삶의 여정과 다르지 않을 것이라고 생각해 본다.

언제부터인가 아침이 새롭고 기쁨으로 충만하다. 어느 하루도 감사하지 않는 날이 있을까. 계절의 변화가 주는 의미에는 많은 이야기가 담겨 있다. 그 속에서 나는 더욱 성숙해졌으면 좋겠다. 여름 관광객들이 썰물처럼 빠져나간 거리는 한산하기까지 하다. 사랑하며 미워하며 얼마나 많은 청춘들이 거리를 누볐을까. 점점 빠르게 흘러가는 세월의 속도감에서 느끼는 허망함은 무엇으로 위로할까. 저만치 여름이 떠나간다. 한여름 밤의 꿈처럼….

다시 1월을 맞으며

마음만 바쁘게 지난해를 무사히 보냈다. 이제 새로운 그림을 그려야 할 하얀 백지 열두 장이 놓여 있다. 해가 바뀔 때마다 새로운 각오와 다짐으로 보냈던 60년의 세월. 아직도 해야 할 일과 하고 싶은 일들이 너무 많은데 살아갈 날들이 살아온 세월보다 많지 않은 중년을 훌쩍 넘은 나이가 되었다.

많은 생각으로 머리가 복잡하지만 그래도 감사하다는 말밖에 더 이상 할 말이 없다. 다른 사람 다 늙어도 나만은 늙지 않는 줄 알았는데 세월의 흐름엔 몸과 마음에 흔적이 나타나니 자연스럽게 나이 듦을 받아들일 수밖에 없는가 보다. 나이 든다는 것은 일상생활 전반에 속도감이 떨어지는 게 아닌가 싶다.

순간순간 느끼는 나의 모습에 놀랄 때가 많다. 지난해 우연히 신문에서 읽은 기사 중에서, 암 투병 중에도 〈12월의 편지〉라는 글을 쓴 이해인 수녀님의 '오늘 이 시간은 어제 죽어간 어떤 사람이 그토록 살고 싶어 했던 내일'이라는 글귀에 큰 감동과 위로를 받았다. 그렇게도 소중한 시간을 나는 얼마나 깊이 있게 살아왔나 뒤돌아본다. 부족한 것 많고 부끄러운 나를 사랑해 주는 주위의 많은 인연들…. 사랑 가득한 마음으로 보답하며 서로 따뜻하게 보듬어 줄 수 있는 아름다운 세상을 살아가고 싶다. 사랑하는 모든 이들에게 "고맙습니다."라고 마음의 말을 전한다.

제 4 부 산문

가족의 추억

겨울 털고 봄맞이

걸음을 제대로 걸을 수 없을 정도로 봄추위 바람이 세다. 4월 중순 날씨가 웬 변덕인지 완전무장하고 오늘의 작전을 수행하기 위해서 엄마 집으로 간다. 객지 생활 끝내고 속초로 이사를 온 지 10여 년, 내가 치러야 하는 엄마 집 겨울 끝내기 봄맞이 행사를 차일피일 미루다 잡은 날이 하필 오늘이다.

수도관을 덮은 비닐을 걷어내고 밭갈이도 해야 한다. 마당과 창고에 3개의 수도가 있다. 겨우내 덮어 놓은 비닐을 걷어내고 나니 꽁꽁 동여맨 헌 옷가지가 나온다. 다음엔 수도계량기 차례다. 뚜껑을 여니 꽃무늬가 담요가 나오고 방석이 나온다. 겨울이 시작되기 전에 만반의 준비를 해야 하는 주택은 여간 손이 많이 가는 게 아니다. 보일러, 변기, 계량기, 수도…. 터질까, 얼까, 눈길에 엄마가 미끄러지지 않을까, 하루도 근심이 떠날 날이 없었다. 지난겨울은 자주 내린 눈 때문인지 겨울이 길게 느껴졌지만 지나고 보니 꿈을 꾼 듯 잠깐이다.

　엄마는 아파트가 숨이 막힌다 하고 편리함에 익숙한 나는 오래된 친정 기와집 주택이 너무 불편하다. 웃풍이 세니 여름을 제외하고 날씨가 추우면 오돌오돌 떨기도 한다. 번번이 문지방에 발이 걸리고 머리도 찧고 마루는 걸을 때마다 삐걱삐걱 소리가 난다. 발이 수십 개 달린 기다란 벌레며 비온 뒤 마당 여기저기 보이는 지렁이는 너무 징그럽다.

　그래도 생각해 보면 우리 가족의 역사가 살아 숨쉬는 집이 아닌가. 어찌 불편하기만 할까. 마당 한가운데 빨래나 이불을 널면 햇볕에 뽀송뽀송하게 마르고 이불은 막대기로 탁탁 털면 온갖 먼지와 세균이 다 떨어지며 일광소독이 되니 얼마나 개운한지 모른다. 아파트 베란다에 들어오는 햇볕이 이만할까.

　마당에 나무 잎사귀 몇 개만 뒹굴어도 쓸어내다 보면 그것 또한 운동이다. 다음은 뒷마당 작은 텃밭에 흙을 뒤집어 놓고 고랑도 몇 줄 만들어야 한다. 겨우내 거들떠보지도 않았던 밭엔 어느새 명아주, 쑥, 부추, 잡초들까지 수북이 자라고 있다. 스산한 날씨에도 땅속에선 이미 생명이 움트고 있었던 것이다. 내년에는 살아 있어 심어 먹으려나…. 해마다 하신 엄마의 말씀이 아직은 유효하다. 점점 노쇠해 가는 엄마를 보니 정말 내년에도 심을 수 있을까? 고랑을 만드는 팔에 갑자기 맥이 빠진다.

  아버지가 생전에 옹벽에 만든 오이넝쿨이 타고 올라가는 철사는 녹이 슬어 끊어진 곳도 있지만 작년엔 12개의 모종에서 오이가 꽤 많이 열었었다. 모종은 몇 가지 종류를 몇 개나 살 건지 숫자를 적어가며 또 엄마와 실랑이를 벌이겠지…. 작년엔 장독대 빈자리에 색색의 파프리카를 심고 마당 가운데 큰 화분에 방울토마토를 심었다. 퇴비나 비료 한 번 준 적이 없는데도 열 종류가 넘는 채소들이 풍성하게 잘 자란다. 모종을 심기도 전에 열매가 열리고 나누어 먹을 생각을 하니 기분이 좋아진다.

  모종을 심은 후엔 엄마 몫이다 "열매가 거저 열리는 줄 아니?" 하시는 말씀 지당하시다. 지렛대를 세우고, 벌레도 잡고, 순도 따주고, 잡초도 뽑아야 한다. 고추는 처음엔 따 먹다가 익으면 말리기도 하고 냉동실에 넣었다가 김치, 깍두기, 생채나물 할 때 믹서로 갈아 넣으면 색깔도 곱고 맛도 상큼하게 시원하다. 늦가을엔 배추 모종을 심는다. 비료를 주지 않으니 잘 크지는 않지만 적당할 때 뽑아 데쳐서 냉동실에 넣었다가 겨울 내내 된장국을 끓인다. 아파트에선 느낄 수 없는 작은 행복이다.

  이제야 겨울이 물러간 자리에 봄맞이 준비가 끝났다. 세차게 부는 바람에 앞집 담장에 핀 목련과 개나리가 바들바들 떨고 있는 모습이 안쓰럽다. 내일은 또 영하의 날씨라니 봄의 반란이다.

2010년 4월

고모

　남동생 부부와 시월에 결혼한 조카 부부가 온다는 연락을 받았다. 여동생의 아들 가족이 다녀간 지 얼마 되지 않았는데 마음이 또 바쁘다. 일 년을 기다린 《갈뫼》 출판회와 일정이 겹친다. 미장원도 다녀오고 조카 결혼식 때 찍은 예쁜 사진을 모아 액자에 넣고 함만복 시인의 시 〈부부〉를 적어 십만 원과 함께 봉투에 넣는다.

　할아버지 할머니 산소에 들러 인사드리고 우리 집에도 찾아와 주니 반갑다. 바다가 시원스레 보이는 13층 복도에 들어서니 조카며느리가 환호한다.

　"너무 부러워요."

　내가 답했다.

　"나는 아침마다 떠오르는 해를 본단다."

　먼저 절을 받았다. 조카들이 결혼을 하면서 세월

이 많이 흘렀다는 것을 새삼 알았다. 내의와 토끼털 목도리를 선물로 받고 결혼식 이야기를 나눈 후 생선구이식당에서 점심을 먹었다. 저녁도 함께 하자고 했으나 사양하고 가족들끼리 단란한 시간 보내라며 헤어졌다. 다음 날 설악산과 화진포를 돌아본 후 떠난단다.

친정아버지가 먼저 돌아가시고 엄마는 89세까지 10여 년을 더 사셨으면서도 손자, 손녀의 결혼을 못 본 것이 내겐 늘 아쉬움으로 남아 있다. 돌아보니 많은 일들이 있었다. 가장 기쁜 일은 동생들이 새 식구를 맞이한 일이었다. 곧 새해를 맞이한다. 가족과 나를 아는 모든 분들에게 좋은 일만 가득한 해가 되기를 기원한다.

2015년 12월

이모

 돌 지난 아이를 데리고 외할아버지 할머니 산소에도 가고 이모 집에 오겠다는 조카의 전화를 받았다. 갑자기 마음이 부산해진다. 내게는 귀한 손님이다. 조카들 중에 제일 먼저 결혼했지만 내겐 안타까운 사연이 있다. 조카 부부는 오랜 연애 끝에 결혼식 날을 받았는데 하필이면 엄마가 넘어져 척추골절로 병원에 입원하게 된 것이다.
 늘 손자 손녀 결혼을 보고 싶다 하셨는데 구십에 가까운 고령으로 안심할 수 없고 날짜는 다가오는데 온 가족이 노심초사하였다. 벚꽃이 만발하던 사월에 엄마는 돌아가시고 약 보름 후에 식을 무사히 치렀다. 지금도 생각하면 너무 아쉽고 엄마에게 왠지 모를 미안한 마음이 든다.
 이불장을 열어보니 베개가 마땅치 않아 새로 사고

무엇을 먹일까 생각하다가 겨울 별미인 알도루묵을 샀다. 묘하게 생긴 선인장을 들고 예쁜 딸과 왔다. 좋아할 줄 알았는데 도루묵은 물컹하다고 입에 대지도 않으니 냉장고 안의 반찬을 다 꺼내놓는다. 아이의 재롱에 적적했던 집안이 화기가 돈다. 바쁜 직장 생활에 시간을 내어서 와준 것이 고마웠다. 마음 한구석 내내 염두에 두었을 외할아버지 할머니 산소에 들러 인사드리는 모습을 보고 울컥 목이 메었다. 일가를 이루어 찾아와 주니 부모님도 기뻐하셨으리라.

아이도 조그만 몸으로 엄마, 아빠 따라서 절을 하고 손잡고 아장아장 산을 내려가는 가족의 뒷모습을 보며 오랫동안 잊히지 않을 아름다운 그림으로 마음에 새겼다. 점심은 바다가 잘 보이는 창이 넓은 횟집에서 먹고 등대로 올라갔다. 처음 본다며 무척이나 즐거워했다. 속초에 오면 잘 알려진 명소인 아바이마을로 가기 위해 갯배를 타니 신기해 어쩔 줄 몰라 하며 연신 사진을 찍는다. 바닷가 모래밭에서 파도와 장난치는 모습이 무척이나 행복해 보였다. 순대 골목에 들어서니 지나칠 수 없다. 한 곳에 들어가 여러 가지 순대를 맛있게 먹는 중에 게도 좋아한다는 말을 듣고 몰래 나와 아는 집에 세 마리를 구만 원에 예약했지만 배가 불러 더 이상 먹을 수 없다는 말에 취소했다. 중앙시장을 돌아보며 들른 만석 닭강정은 필수메뉴처럼 되었다.

조카 가족들은 온천에서 하루를 더 보낸 뒤 떠났다. 인디안 아파치족의 결혼 축시 〈두 사람〉을 적어 십만 원을 봉투에 넣어 주었다. 무엇이든 다 주고 싶고 맛있는 음식을 먹이고 싶은 마음이었지만 또 아쉬움이 남는다. 내 품에도 포근하게 솜사탕처럼 안기던 귀엽고 보송하던 아이의 얼굴이 한동안 눈에서 아른거리며 많이 보고 싶어질 것이다.

2015년 11월

쌀밥의 기억

 나에게는 하얀 쌀밥에 대한 어린 시절의 기억이 있다. 속초로 온 지 12년째 변함없이 하고 있는 일 중의 하나는 새해 첫날에 부모님과 쌀밥에 떡국을 먹는 일이다. 해돋이 명당인 친정집 뒤편 언덕 위 교회 앞마당에서 떠오르는 해를 보며 새해 소망을 기원하고 떡국을 먹는 것으로 새해를 시작했다. 평소에는 잡곡이나 콩을 섞어 밥을 하시만 이날은 쌀밥과 사골을 우려낸 곰국에 떡국을 끓여 먹는다. 친정아버지는 돌아가신 후에도 엄마와 그렇게 새해 첫날 식사를 한다.

 올해도 하얀 쌀로 밥을 지었다. 밥솥을 여는 순간 모락모락 김이 올라오는 사이로 보이는 쌀밥은 눈이 부실 정도로 윤기가 흐른다. 쌀밥에 대한 어린 시절의 기억이 문득 생각난다. 지금은 초등학교라 부르지만 내가 다닐 때에는 국민학교였다. 내가 국민학교를 졸업할 무렵에 아버지가 학교 교직을 그만두시고 한 때 생활이 어려웠었다. 당시는 나라 경제도 어렵도 거의 모든 집들이 생활하기가 어려워 끼니를 제대로 잇지 못하던 시절이었다. 쌀밥은커녕 보리밥도 제대로 먹지 못하고 미국에서 원조를 받은 옥수수나 밀가루가 주식이었다. 쌀이 있다 해도 보리밥에 겨우 보일 정도로 섞어 먹었다.

그러던 어느 날 학교가 끝나고 등대 밑에 사는 친구 집에 우연히 놀러 갔다가 방안에 쌀가마니가 쌓여 있는 걸 보고 깜짝 놀랐다. 알고 보니 아버지가 배를 타는데 한 달에 한 번씩 결산을 하면 그때는 목돈이 생긴다고 한다. 제법 큰돈을 받으면 쌀과 연탄을 충분히 들여놓는 일이 우선이란다. 저녁때가 되어 밥상을 보니 김치와 젓갈에 반찬은 별로 없었지만 사발로 된 그릇에 수북이 퍼 올린 하얀 쌀밥이 상위에 올라왔다. 기름을 발라놓은 듯이 쌀밥은 호롱불의 희미한 불빛에도 눈부시게 빛났다. 왠지 가슴이 벅차올라 처음에는 선뜻 숟가락을 들 수가 없었지만 특별한 쌀밥 식사였다. 그 후로 나는 쌀밥이 먹고 싶으면 염치없이 친구네 집을 가곤 했다. 몇 번인가 그렇게 친구네 집에서 쌀밥을 먹은 후 눈치도 보이고 미안하여 더 이상 가지는 않았다.

  졸업한 후엔 난 서울로 떠나고 그 친구의 소식도 모른 채 오랜 시간이 흘렀지만 지금도 가끔씩 생각나곤 한다. 나라 경제와 가정생활이 좋아지고 풍족하니 오히려 다이어트를 해야 하는 시대라서 건강을 위해 쌀밥을 먹는 집이 흔하지 않은 것 같다. 지금은 보리밥을 별미로 먹는 시대가 되었다. 같은 쌀밥이라 해도 그 시절 쌀밥에는 왠지 깊은 사랑과 정이 듬뿍 들어 있었던 것 같다. 세상이 변하고 늙어가도 마음속에 새겨진 어린 시절 쌀밥의 기억은 아련히 남아 있다.

아버지의 뒷모습

 겨울의 끝자락에서 이제 예쁜 새순이 돋아나는 봄이 시작되던 그해 3월이었다. 돌아가시고 벌써 6년의 세월이 흘렀다. 시간이 흐를수록 새록새록 그리운 아버지…. 서서히 병이 깊어가는 줄도 모르고 그해 겨울을 보냈다. 건강의 이상증후가 나타나 병원을 찾았으나 큰 병원으로 가보라는 의사의 말에 강릉 아산병원 가던 날을 잊을 수가 없다. 병원에 가는 길인데도 오랜만의 외출이라 아버지는 무척 즐거워 보였다. 창밖으로 보이는 세상은 봄기운이 완연하였다. 진달래와 개나리가 뽐내듯이 피어 있고 스치는 바람에 기분도 상쾌하여 소풍처럼 들떠 있는 듯했다. 그러나 나는 왠지 불길한 마음을 떨칠 수가 없었다.
 "팔십이면 살 만큼 사셨네요. 격동의 세월을 이기

고 이만큼 사신 건 대단하십니다. 콩팥이식 안 하면 사실 수 없어요."

  너무 솔직한 건지 위로의 말인지 의사의 말은 야속하게 들렸다. 혹시나 하던 마음이 한순간에 무너졌다. 형언할 수 없는 표정에 어색한 웃음을 짓고 있는 아버지의 얼굴을 차마 볼 수 없었다. 무거운 발걸음으로 진찰실을 나오는 아버지의 뒷모습을 보는 순간 마음 깊이 자리했던 어린 시절 한 때의 원망과 미움이 눈 녹듯이 사라지고 울컥 목이 메었다. 짧은 순간 지나온 많은 것들이 필름처럼 돌아간다. 아버지는 동네에서 아마도 유일한 지식인이어서 존경받고 남에겐 더 없이 인정을 베푸셨지만 북한의 고향을 떠나오신 가족사 등 힘드셨던 여러 상황으로 뜻을 다 펼치지 못하셨다. 교직생활 후에 속초에서 직장생활을 하셨지만 그리 열심히 하신 것 같지는 않다.

  통일이 되거나 남북 교류가 잘 되면 북한의 고향으로 가시려고 휴전선 가까운 속초에 정착하신 것인데 결국 평생을 보내셨다. 나중에는 서울에 정착했어야 했다는 말씀도 하셨지만 이미 노년에 접어든 때의 후회였다. 속초로 이사를 와서 부모님을 가까이 보살펴 드리며 살면서도 보니 당당하셨던 아버지는 옛 모습도 많이 약해져 있었다. 깊은 대화도 많이 없었던지라 다 나누지 못한 사연들이 가슴 한 구석에 남아 있었다.

  돌아오는 차 안에선 긴 침묵이 흘렀다. 아버지도 망연한 표정으로 창밖을 바라볼 뿐 나도 아무 말도 할 수 없었다. 연로하신 부모님께 효도할 기회라 생각해서 객지 생활 청산하고 돌아온 지 2년밖에 안 됐는데 안타까운 마음뿐이었다. 누구에게나 자신의 뒷모습이 있다. 훗날 나의 뒷모습은 어떤 모습일까. 아버지, 당신이 그립습니다.

2008년 봄

엄마의 숫자

아버지의 7주기 기일을 맞아 엄마와 함께 남동생이 있는 대구에 다녀왔다. 기일을 앞두고 잠시 상념에 젖기도 했다. 엊그제 같은데 벌써 7년이 흘렀다. 시원스레 달리는 고속버스의 창밖을 바라보며 청명한 초가을 풍경에 취해 있다가 무심코 엄마 얼굴 쳐다보고 울컥 목이 메었다. 근래 들어와서 순간순간 느낀다. 연로하신 엄마가 언제까지 우리 곁에 계셔주실까 생각하니 슬퍼진다.

좋은 일이든 궂은일이든 늘 하시는 말씀, "괜찮다. 괜찮다." 넓은 마음으로 자식들을 감싸며 안으로 삭이는 엄마. 이 세상 모든 엄마들의 마음이 아닐까. 다시 돌아가리라 했던 고향을 지척에 두고도 갈 수 없는 실향민의 아픔을 간직한 채 희망의 시간은 점점 멀어져간다. 잘해드린 것도 없는데 마음만 급하다. 친정집 뒤 작은 텃밭에 봄이면 십여 가지 모종을 심는다. 심을 때마다 "내년에는 살아 있어 심어 먹을라나." 하시는 말씀을 얼마나 더 들을 수 있을까.

  엄마는 숫자 세는 걸 좋아하신다. 동생네 집에 갈 때는 성냥을 한 움큼 가져간다. 나중에 보니 속초를 출발하면서부터 터널을 지날 때마다 성냥으로 숫자를 세어 몇 개의 터널을 지났는지 말씀하신다. 한식집에서 외식하면 언제 세었는지 반찬 가짓수를 세어 몇 가지 만찬을 먹었는지 말씀하셔서 우리를 깜짝 놀라게 한다. 오이를 딸 때마다 꼭 적어두었다가 작년에는 몇 개 올해는 몇 개 비교하며 숫자를 세어 기억한다. 엄마에 대한 새로운 발견이다. 가족 모두 엄마의 건강을 기원하며 오래도록 우리 곁에 계셔 주기를 바라는 마음으로 헤어졌다. 속초로 돌아오는 버스에서도 엄마는 성냥을 손바닥에 옮겨놓으며 조곤조곤 작은 목소리로 또 터널을 세고 계셨다.

2009년 9월

아버지의 친구

연말이 되어 이것저것 정리하다 전화번호를 적은 아버지의 노트에서 친구분의 번호를 발견하였다. 2년 전에 연락한 후에는 잊어버리고 지냈다. 비록 아버지는 돌아가신 지 여러 해 되었지만 북한에서 함께 피난을 나와 갖은 고생을 하며 지낸 친구분 중에 유일하게 살아계신 분이다. 죄송한 마음에 남동생에게 전화하여 같이 찾아뵙기로 하였다. 날을 잡아 동두천으로 가는 중에 미리 통화해 보니 나는 기억하지만 동생은 잘 모르겠다고 한다. 치매가 있는 듯하고 대화도 힘들어 알아보지도 못하는데 헛걸음하는가 싶어 멀리서 올라온 동생한테 미안한 생각도 들었지만 그래도 이왕 나선 길이니 찾아뵙는 것이 옳다고 생각되었다.

우리가 올 시간 전부터였는지 문을 열어놓고 기

다리고 계셨다. 오래된 작은 아파트였다. 거실 문이 병풍으로 가려 있어 실내가 어두운 데다 검은 안경을 쓰고 있어 의아했지만 반가이 맞아주셨다. 어렸을 때 뵀던 것 같고 성함과 이야기는 많이 들어왔지만 오래되어 얼굴은 기억이 없었다. 먼저 연세를 물었더니 96세라 하시며 눈이 보이지 않는다 했다. 부인과 사별한 지 20년이 되었고 살고 있는 집은 오래 살다 보니 잘 보이지 않아도 익숙하다고 했다. 술과 담배를 안 한 지 오래되어 그나마 건강을 유지하는 비결이라고 하신다.

식사며 청소도 직접 하신다고 했지만 96세 시각장애 노인이 혼자 살기에는 버겁고 위험해 보였다. 외출할 일이 있으면 시각장애인협회서 도와준다고 했다. 걱정이 되어 자녀에 대해 물었더니 맏아들은 스위스에, 둘째 딸은 독일에 살고 막내딸은 서울에 있어 가끔 들여다본다 했다. 자식을 만난 듯이 반갑다 하시며 아버지와의 옛 얘기들을 들려주셨다. 많이 외로우셨는지 우리의 손을 꼭 잡고 했던 말을 또 하시고 물어보기를 반복한다.

치매 증상도 있고 앞이 보이지 않는 것이 더욱 걱정이었다. 외국에서 돈을 보내주어도 쓸데가 없다 하니 차라리 요양원이라도 가는 게 나을 듯했다. 냉장고를 열어보니 작은 김치통 몇 개 외에는 물병만 가득했다. 귀도 잘 들리지 않아 대화하기가 힘들어 귀에 바로 대고 말을 해야 하니 자식들이 안부 전화를 해도 소용이 없어 보였다. 얘기를 나누는 중에 전화가 왔으나 대화가 되지 않아 내가 대신 받아 이야기를 전하였다. 서울에 사는 딸도 이러한 심각성을 알고 있겠지만 직접 모시고 사는 방법 외에는 마땅한 대안이 없지 않을까 안타까운 마음이 들었다.

백세 시대에 살고 있다 하지만 누구나 건강하게 누릴 수 있는 것이 아니다. 고독사를 비롯해서 자살과 노인빈곤은 심각한 문제가 되어 사회적 관심사가 되기 시작했다. 노인 인구는 늘어가고 자식이 있으나 없으나 이중고를 겪고 있는 우리들 부모님 세대의 현실이다. 시대가 빠르게 변하면서 효에 대한 생각도 많이 달라지고 있다. 훗날의 내 모습을 어떨까 생각하며 무거운 마음을 안고 돌아왔다.

2006년

엄마의 고스톱

　엄마는 고스톱을 무척 좋아하신다. 오랫동안 노인정에 다니며 갈고 닦은 실력이다. 아버지 기일에 동생 집에 가도 빼놓지 않고 하는 놀이다. 엄마가 좋아하시는 일이니 나도 동생도 기꺼이 참여한다. 사실 화투 놀이라기보다는 엄마에겐 숫자와 계산 놀이이다. 멀리 떨어져 있는 동생도 얼마 전부터는 집에 오면 친구들을 만나는 바쁜 틈에도 늘 엄마를 위해 화투 놀이를 시간을 비워놓는다.

　한 치의 양보도 없이 처음에는 동전이 오고 가다 시간이 흐르면 여러 색깔의 지폐가 나오기 시작한다. 참으로 신기한 것이 요리조리 머리를 굴리지 않아도 뒷장이 척척 잘 맞을 때에는 피곤하지 않고 기운이 펄펄 나기도 한다. 언제부터인가 엄마의 계산이 조금씩 틀리기 시작하는 것을 느끼기 시작했다.

셈을 바로 할 때까지 우리는 기다린다. 셈이 잘 안되니 돈도 제대로 못 받는 걸 알고 나서부터는 엄마의 기억력이 떨어지는 걸 알게 되었다. 혹시 치매 증상은 아닌지 부랴부랴 병원에서 인지도 검사라는 걸 받아보기도 했다. 다행히도 의사는 구십을 바라보는 고령의 연세에 비해 두뇌력이 좋으신 것이라며 있을 수 있는 가벼운 증상의 일부란다.

  그때부터 우리 가족은 엄마의 기억력 테스트를 고스톱 놀이를 통해 알아보게 되었다. 동생 가족이 올 때마다 이번엔 엄마의 기억력이 얼마나 변화가 생겼는지 자못 궁금하기도 하고 기대가 되기도 한다. 엄마의 상태에 대해서는 옆에서 지켜보는 내가 음식은 잘 드시는지 또는 화투 놀이를 통해서 꼼꼼히 관찰한다. 연세 때문인지 점점 말씀도 없어지고 대신 디브이를 힘께 보며 대화하고 웃는다. 길을 걸을 때에는 꼭 엄마 손을 잡는다. 손을 잡고 싶어도 잡을 수 없는 날이 곧 다가올지 모르니까.

2012년

옛 편지에서 만난 아버지

 봄맞이 대청소를 하며 엄마 집 창고를 정리하기로 하였다. 오래된 물건들이 많으니 치울 엄두가 나지 않아 아예 방치하다시피 했는데 마음먹고 청소를 시작했다. 엄마의 손때 묻은 물건이며 생전에 친정아버지가 타고 다니시던 자전거를 비롯해서 어디서부터 손을 대야 할지 망설이다가 먼지를 뒤집어쓴 책들을 치우자 그 옆에 잘 묶여 있는 작은 상자 하나를 발견하였다. 중요한 물건인 듯싶었다.

 책과 상자를 들어내어 마루에서 펼쳐본 순간 깜짝 놀랐다. 여러 개의 크고 작은 뭉치들이 하나하나 끈으로 묶여 있고 동생과 조카들의 이름이 씌어 있었다. 그중 하나를 뜯어보니 편지였다. 곰팡이 냄새가 묻어 있는 편지들은 30여 년 전부터 객지에서 보낸 자식들과 손자, 손녀들의 편지였다. 글씨가 커다란 마을금고 달력을 오려 봉투를 만들고 겉표지에 일일이 이름을 적어놓으셨다. 보는 순간 눈물이 났다. 저 많은 편지 속엔 우리 집의 역사가 기록되어 있겠구나 하는 생각에 잠시 오래전 필름을 돌리듯 추억에 젖었다.

돌아가신 지 8년 동안 창고 안에 있는 줄도 모르고 이제야 편지들을 찾은 것이 죄송할 뿐이다. 생의 시간이 다 되었다는 의사의 말에 족보와 주변 정리를 하시는 걸 본 적이 있다. 조카들의 편지는 아직 어려서 크리스마스카드까지 글씨도 삐뚤삐뚤 천진난만 그 자체였다. 고등학교 교사였던 올케의 편지에는 수업 중간에 짬을 내어 가정과 학교생활 이야기들이 예쁘게 씌어 있었다. 남동생은 주로 부모님의 건강을 걱정하는 글로 채워져 있었다. 그중에서 가장 기쁜 편지는 조카들의 출생에 관한 소식이었다. 우표에 찍힌 날짜에는 30년, 20년, 10년 전의 봄, 여름, 가을, 겨울이 들어 있으며, 내용들에는 웃음과 눈물이 묻어 있다.

한때 아버지를 미워한 적이 있었다. 지식인으로 시대의 현실에 잘 적응하지 못하고 북한에서 월남하며 생긴 가족사의 아픔과 고뇌 때문에 힘들었다는 아버지의 심정을 이해하면서도 남들에겐 후하고 가족들에게는 덜 그랬던 것이 서운했었다. 그러나 지식인과 남자로선 멋있게 사신 분이셨다. 속초로 이사를 오고 돌아가시기 전까지 약 3년간 나는 아버지와 많은 시간을 보냈다. 신장투석을 하며 점점 노쇠하시다가 의식을 거의 잃으신 후에는 내게 무슨 말씀을 하시려는지 난 알 수 있을 것 같았다. 말씀은 못 하시고 내 손을 잡고만 계셨지만 아마 평소에도 언급하셨던 말이인 내게 공부 많이 못 시킨 것에 대한 미안함과 병수발을 든 데에 대한 수고를 말씀하시려 했을 것이라고 짐작했다.

내가 보낸 편지 속엔 직장 생활 중 사보에 실렸던 글도 나왔다. 아버지에게 자랑하려고 보낸 글이었을 것이다. 다음 글은 편지 내용 중 일부이다.

> 아버지 저에게 기쁜 일이 생겼어요. 회사에서 원가절감 품질향상에 대해 표어를 공모했는데, 총 312편 중에 13편이 당선되었는데, 저의 글도 뽑혀 회사 제품과 상금 이만 원 받았어요. 표어 내용은 "마음속엔 사랑가득 제품 속엔 정성가득"이에요. 이 표어는 회사 곳곳에 부착되었답니다.

회사를 퇴사한 지 어느덧 20여 년이 지나 회상해

보니 직장 생활 11년 중 도서실에서 8년을 근무하였고, 통근버스 안에서 즐겁게 책을 읽으며 다녔던 그때가 지금 생각해도 정말 좋았었다. 지나간 일들이 차곡차곡 쌓여 있는 친정집 창고에서 나는 큰 보물을 발견한 듯했다. 하나하나 손때 묻은 편지를 펼쳐서 시간 가는 줄 모르고 읽어가다 보니 옛날 그 시절로 다시 돌아가는 듯했다. 아버지는 훗날 이 편지 묶음을 통하여 지금 이 순간처럼 서로의 추억 속에서 다시 소통하기를 기대하셨는지도 모른다.

  아버지의 절망적인 검진 결과를 듣고 힘없이 병원 문을 나서던 그날도 개나리와 진달래가 피던 이맘때쯤이었다. 한참을 울었다. 고개를 들어 밖을 보니 아른아른 눈물 너머 앞집 담장 울타리엔 개나리가 화사하게 피었고, 하얀 속살을 드러낸 목련이 하늘을 향해 희망처럼 축포를 쏘아올리고 있었다.

2011년 어느 봄날에

아버지의 자전거

친정집 창고 한구석에 낡고 녹슨 자전거가 있다. 돌아가시기 전 오랜 세월 애마愛馬였던 아버지의 분신과도 같았던 자전거가 세월의 먼지를 뒤집어쓴 채 말없이 우두커니 서 있는 것이다. 그리운 아버지…. 문을 열면 당신을 만날 듯 순간 기쁨도 잠시 즐겨 부르시던 〈울고 넘는 박달재〉 노래가 진한 막걸리 향기를 타고 나오는 듯하다.

술에 많이 취해도 잊어버리거나 어디에 놓고 오신 적이 없었다. 당신의 한 몸처럼 아끼시던 자전거…. 잠시 상념에 젖어본다. 어렸을 때를 회상해 보면 동생들과 서로 타려고 다투던 일, 행여 떨어질까 아버지 허리를 꼭 잡고 쌩쌩 달리던 일들, 엄하셨지만 따뜻한 마음과 사랑이 깊으셨던 아버지였다.

늘 자전거 손잡이엔 무언가 걸려 있던 모습들, 겨

울밤 골목 입구에서 귀에 익은 페달 소리와 노래가 들리고 군밤이나 고구마가 들려 있곤 하였다. 한밤중에 앉혀놓고 굳이 먹이신다. 아버지 나름의 사랑 표현이었을 것이다. 자다가 깨어서 졸린 눈을 비비며 먹었던 맛이 지금도 아련히 떠오른다. 노년에 들어서는 병을 얻어 더 이상 자전거를 탈 수 없게 되었다. 휠체어에 의지한 채 마당 한쪽에 놓인 당신의 애마를 안타까움으로 바라보시며 다시 타보리라 다졌던 의지도 소용없었다.

얼마 남지 않은 시간이 되었을 때, 승용차에 휠체어를 싣고 아름다운 세상 담아가시라 여기저기 다닐 때에도 자전거에 대한 미련을 버리지 못하셨다. 이젠 정말 자전거는 탈 수 없느냐고 하시는 말씀에 목이 메어 먼 산만 바라보았었다. 의사의 모진 말을 원망하며 그토록 삶의 의지를 보였지만 끝내 의식불명의 시간 속으로 깊이 들어가서 다시 돌아올 수 없었다. 자전거는 주인을 기다리는 충견처럼 기약 없이 오늘도 아버지를 기다리고 있다.

교보생명 독자투고란에 게재, 2009년 12월

엄마와 꽃구경

"아이고, 예뻐라."

영랑호 입구에 들어서자 길 양쪽으로 늘어선 벚꽃나무 터널을 지나며 엄마가 탄성을 지른다. 즐거워하는 엄마를 보니 나도 덩달아 기분이 좋아진다. 호수 둘레를 꽃구름 위로 떠다니는 듯 황홀함 그 자체다. 많은 사람들이 봄나들이를 나와 꽃구경이 한창이었다. 가끔 연로하신 분의 휠체어를 밀며 산책하는 가족들도 보였다.

며칠 사이 저녁 바람에 활짝 핀 꽃잎이 떨어지기 시작했다. 시내에 일이 있어서 버스를 타고 가다 우연히 도로변에 눈꽃처럼 날리는 꽃잎을 바라보다가 문득 엄마 생각이 났다. 내가 왜 미처 생각을 하지 못했을까. 저 꽃잎이 다 떨어지기 전에 엄마에게 꽃구경을 시켜드려야 하는데…. 급한 마음이 들어 당장 다음 날 서둘러 어머니를 모시고 나왔던 것이다.

 감기에 노인정 출입도 뜸하여 종일 집에서 티브이만 보고 지내시니 꽃이 피는지 지는지 아실까? 봄기운과 활력을 불어 넣어드리고 싶었다. 점심은 엄마가 제일 좋아하는 냉면을 먹고 택시를 탔다. 영랑호, 대순진리회, 잼버리장, 대명콘도, 종합운동장, 목우재, 설악산 입구를 돌아오는 코스를 잡았다. 절정을 이룬 목우재에 이르니 많은 사람들이 사진 찍느라 분주하다. 이 아름다운 풍경을 무슨 말로 표현할 것인가! 영랑호에서는 탄성을 지르던 엄마는 그냥 바라볼 뿐 말없이 조용한데, 난 흥분하여 감탄사가 절로 나온다.

 "엄마 저 꽃을 다시 보려면 1년을 기다려야 돼."

 갑자기 목이 메며 내년에도 또 볼 수 있게 엄마의 건강을 잘 챙겨드려야겠다는 생각을 했다. 목우재 터널을 지나 설악산 입구로 들어서서 보니 꽃 풍경을 잘 보시라고 택시의 앞좌석에 앉혀드린 엄마가 고개를 떨구고 졸고 계신다. 눈에 띄게 약해진 엄마를 힘들게 한 건 아닌지 갑자기 미안해진다. 그렇게 좋아하는 냉면을 반도 못 드시고 종합운동장 화장실에 들렀을 때는 아직도 더 가야 하느냐고 물어보시니 긴 시간도 아니었는데 지루하고 피곤하셨나 보다.

이제는 좋은 것, 맛있는 것. 아름다운 풍경도 다 소용없는 듯싶다. 들떠 있던 내 마음이 우울해진다. 생각해 보니 엄마와 여행 추억이 별로 없다. 흔한 해외여행 한번 함께 못 가보고 금강산 관광이 한창일 때도 엄마의 고향 땅인 북한도 가보지 못했다. 친정집 앞 동명항에 정박해 있던 금강산 다니던 유람선을 엄마는 무척이나 타보고 싶어 했는데 지나고 보니 못 타본 것이 후회된다. 웅장한 큰 배 안이 궁금하기도 하여 여행계획을 세웠던 적도 있었는데….

집으로 돌아가는 마음이 잠깐 우울했지만 기쁘기도 했다. 꿈을 꾼 듯 뭉게구름 속에서 피어오르는 꽃대궐 속에 들어갔다 나온 듯이 엄마와의 봄나들이는 두고두고 잊지 못할 것 같다. 부천 사는 여동생은 보름 전쯤 갑자기 엄마가 보고 싶다며 점심시간에 와서 밥 먹고 당일에 갔다. 동생들과 함께 엄마랑 가까운 해외라도 같이 갔으면 얼마나 좋았을까 하는 생각을 했다. 집에 돌아온 엄마는 "내 집에 오니 제일 편하다." 하시며 침대에 누우신다. '엄마, 그래도 건강하게 잘 지내셔서 내년에도 같이 또 꽃구경 가요.' 그새 곤하게 잠든 엄마를 나는 한참을 바라보았다.

2012년 4월

마음의 준비

여름내 풍성한 먹거리를 제공해 주었던 밭에 마지막으로 배추를 뽑고 나니 휑하니 썰렁하기 그지없다. 정성 들여 키운 배추는 김장을 해서 땅에 묻었다. 어쩌면 내년엔 못 담아 먹을지도 모른다는 생각이 들었다. 엄마의 기력이 약해지기 시작하니 앉으나 서나 눈물만 흐른다. 집안 곳곳에 겨울 준비를 끝내고 다가오는 겨울을 탈 없이 잘 보내야 할 텐데⋯.

내 주위에서 떠나는 사람이 생기면서 아픔과 충격이 컸기 때문이다. 미리 이별 연습을 해두는 게 슬픔의 고통이 덜하지 않을까 생각도 해보지만 슬픔은 결국 마찬가지일 것이다. 언제부터인가 자연스럽게 엄마와의 이별을 준비하고 있는 나를 발견하였다. 엄마와 함께 추억을 많이 만들고 싶다. 이런 마음을 숨기며 엄마를 부르거나 얼굴을 보면 슬퍼져 울컥 목이 멘다. 주위에서 하는 말이 있다. "엄마가 있어 행복한 줄 알아." 지금에 와서 절실히 느끼고 있다. 그러나 얼마 지나지 않아 엄마가 내 곁에 없을 거라는 사실은 부인할 수 없는 현실이다.

 엄마도 자식들에게 짐을 덜어주려는 마음으로 준비하는 듯하다. 1년에 몇 차례 아들 며느리 보는 자리에선 좋은 요양원을 봐두어라 하시는 말씀을 농담처럼 하신다. 죽음뿐만이 아니라 살아가면서 모든 일이 마음의 준비가 필요하다. 30여 년 전 처음 맞이하는 올케를 경북 영천에서 만난 후 엄마와 난 돌아오는 기차에서 기쁘게 예쁘게 맞아들이는 마음의 준비가 필요하다고 했었지. 아무런 마음의 준비도 되지 않은 상태에서 시간이 많지 않다는 의사의 잔인한 선고에 낙담하며 받아들이기 힘들어하시던 아버지의 모습에서 눈물을 감추며 이별을 준비해야만 했었다.

 생활수준이 높아지며 삶의 질도 중요하지만 이제는 아름답고 품위 있게 인생의 마무리를 해야 한다는 사회적 공감대가 형성되고 자연스럽게 받아들여지는 시대의 흐름을 볼 수 있다. 우리는 죽음을 준비하고 맞이하는 법을 배워야 한다. 예측할 수 없어 먼 것처럼 느껴지지만 죽음은 누구도 피해 갈 수 없다.

불꽃처럼 눈부시게 화려했던 날도 주체할 수 없는 기쁨에 들떠 있던 환희의 날도 먼 뒤안길 추억 속으로 사라져 갈 것이다. 이제라도 뒤를 돌아보는 겸손한 시간이 필요하다. 천천히 느리게 나의 가족과 인연을 맺은 사람들에게 아름다운 기억을 남길 수 있도록 다가가고 싶다. 만남과 이별의 연속이 늘 함께하며 그렇게 살아가고 있는 것이 아닐까. 엄마와의 이별이 가까이 다가오고 있다. 더 많이 사랑하고 더 많이 함께하는 시간을 보내고 싶다.

2012년 12월

흔적

휑하니 온기가 식어버린 친정집을 둘러본다. 눈물이 펑펑 나올 줄 알았는데 가슴에 구멍이 난 듯이 허허 하기만 하다. 뒤란의 작은 텃밭은 수확의 기쁨을 함께 나누며 여름부터 가을까지 식탁을 풍성하게 해주었고, 김장철에는 단지를 묻으면 다음 해 봄까지 맛있는 김치를 먹을 수 있었다. 마당에는 수도가 있어 참 좋았다. 마당 가운데엔 줄을 매어 이불을 널기도 하고 명절이나 제사에 쓸 생선을 걸어 말리기도 했다. 밤낮으로 고양이와 쥐는 식구였다.

책이며 물건들을 쌓아놓았던 창고를 여니 아버지가 즐기시던 막걸리가 나오고 애창곡이었던 〈번지 없는 주막〉이 흘러나오는 듯하다. 애마처럼 발이 되어주었던 아버지의 자전거는 먼지를 뒤집어쓴 채 세월을 보내다 실려 나갔다. 장독대 단지와 부엌의 그릇도 동네 사람들이 다 가져갔다. 오래된 낡은 집이지만 어느 것 하나도 소중하지 않은 게 없다. 이제 우리 가족의 살아온 역사가 서려 있는 이 집엔 작년에 엄마가 돌아가시고 아무도 살지 않는다. 햇빛 쏟아지는 마루에서 도란도란 정을 나누었던 형제들은 어느새 중년을 넘기고 있다.

 연락을 받은 시설관리공단에서 커다란 차가 왔다. 건장한 남자들이 신발을 신고 점령군처럼 들어와서 방마다 오래 묵은 가구들을 들고 나갔다. 아들 장가 보낼 때 부모님이 입었던 무늬 화려한 양단 두루마기가 나란히 세상 밖을 나왔다. 손녀가 첫 월급 타서 사 왔다는 앙고라 털장갑과 내복, 그리고 꼭 손세탁해야 된다고 백화점에서 사 온 예쁜 꽃무늬 옷은 아까워서 입어보지도 못하고 헌 옷이 되고 말았다. 유난히 꽃 그림을 좋아했던 엄마의 옷장에는 알록달록 화려한 사계절이 들어 있다.

 끌려 나가는 텅 빈 장롱 안은 비밀번호도 없는 엄마의 금고다. 깊숙이 안쪽 주머니와 서랍 어딘가에서 마술처럼 돈이 나오고 금붙이가 나왔다. 엄마가 시장에서 은행 출입도 낯설고 시간도 마땅치 않았던 시절에 버는 대로 현금이나 금붙이를 사서 보관했다. 그때는 돈이 생기면 금을 장만하여 급하면 팔아서 쓰기도 했으니 반지계 한두 개쯤 들지 않은 집이 없었다. 겨울이 오기 전에 연탄도 넉넉히 사야 하고 쌀이며 난로에 넣을 석유까지 마련하며 틈틈이 훗날 자식들 결혼자금도 준비해야 했을 것이다.

훗날 며느리 맞으면 준다고 사둔 금은 신문지에 싸서 비닐봉지에 넣어 고무줄로 묶어서 모아두었었다. 어렵던 시절에도 장롱 안은 희망이 담겨 있어서 가끔씩 꺼내어 세어보기도 하고 누구도 손댈 수 없는 엄마의 성역이었다. 기쁨과 슬픔이 함께했던 지난날 우리 가족의 모습은 이젠 다시 오질 않을 과거가 되었다. 가슴 속 깊이 추억으로 간직할 뿐 엄마가 떠난 자리에 그림자처럼 흔적만 남았다.

2015년 5월 어느 날

나의 인생 풍경
-마무리하며-

복도에 서면 동해의 떠오르는 해를 볼 수 있고, 거실에서는 베란다를 통해 설악산이 보이는 아파트에 25년째 살고 있다. 올해 봄부터 예기치 않은 허리와 종아리 통증 등 온몸이 아파 눈물로 보내다 보니 지난날을 돌아보는 시간이 많았다.

힘들고 나쁜 날도 있었지만 좋은 날도 참 많았다. 영국에 교환교수로 가 있던 남동생 덕분에 런던에서 한 달을 머무르며 프랑스, 독일, 벨기에, 오스트리아, 스위스 등 유럽을 여행하고, 홍콩에 근무하던

조카 덕분에 가족들과 홍콩 여행도 하였다. 사랑하는 조카들의 결혼식에 모두 참석하여 축하한 일이나 예쁜 천사들의 탄생은 나에게도 큰 기쁨이었다.

무엇보다 객지에서 직장 생활을 마치고 속초로 돌아와 문예창작반을 통해 문학을 가까이 벗하고, 부모님과 시간을 보내며 많은 추억을 간직한 것이 다행스럽고 잘한 일이었던 것 같다. 〈속초는 詩〉라고 쓴 글의 느낌처럼 이렇게 산과 바다, 호수의 풍경이 좋은 곳에서 살고 있는 것도 소중한 행복이 아닌가!

아픈 몸으로 혼자 지내다 보니 동생들과 가족, 지인들이 보내주는 깊은 사랑에 고맙고 미안한 마음을 표현할 길이 없다. 정신을 차려보니 아파트 화단의 잎들이 떨어지고 겨울로 접어들었다. 빠른 것은 세월뿐이라고 했던가…. 통증이 좀 더 완화되고 건강이 좀 회복되면 가까운 곳을 다니면서 계절마다 변하는 풍경을 보며 글을 좀 더 썼으면 하는 바람이 있지만 하늘의 뜻에 맡길 뿐이다. 몸은 늙어가겠지만 인연의 지인들과 정다운 마음을 이어가고, 가족들이 잘 지내며 아이들이 건강하게 자라기를 바라는 마음뿐이다.

2024년 12월에

돌아보면 그리움만 남아

초판 1쇄 발행 2025. 2. 7.

지은이 박경옥
펴낸이 김병호
펴낸곳 주식회사 바른북스

편집진행 박하연
디자인 김민지

등록 2019년 4월 3일 제2019-000040호
주소 서울시 성동구 연무장5길 9-16, 301호 (성수동2가, 블루스톤타워)
대표전화 070-7857-9719 | **경영지원** 02-3409-9719 | **팩스** 070-7610-9820

•바른북스는 여러분의 다양한 아이디어와 원고 투고를 설레는 마음으로 기다리고 있습니다.
이메일 barunbooks21@naver.com | **원고투고** barunbooks21@naver.com
홈페이지 www.barunbooks.com | **공식 블로그** blog.naver.com/barunbooks7
공식 포스트 post.naver.com/barunbooks21 | **페이스북** facebook.com/barunbooks7

ⓒ 박경옥, 2025
ISBN 979-11-7263-234-2 03810

•파본이나 잘못된 책은 구입하신 곳에서 교환해드립니다.
•이 책은 저작권법에 따라 보호를 받는 저작물이므로 무단전재 및 복제를 금지하며,
 이 책 내용의 전부 및 일부를 이용하려면 반드시 저작권자와 도서출판 바른북스의 서면동의를 받아야 합니다.